Kloster Wienhausen, Band 6

Peter Kaufhold

Das Wienhäuser Liederbuch

Wienhausen 2002

Meinen verehrten Lehrern
Herrn Prof. Dr. Heinrich Sievers (†)
und
Herrn Prof. Adolf Rüdiger
gewidmet

Inhalt

Vorwort	3
Einführung	5
Das geistliche und musikalische Umfeld des Wienhäuser Liederbuches	15
Das Liederbuch, Melodien und Texte mit Übertragungen	25
Anmerkungen	187
Literaturverzeichnis	213
Die Lieder mit ihren Textanfängen	217
Verzeichnis der Abbildungen	221

Das Buch entstand mit freundlicher Unterstützung
der Ritterschaft des vormaligen Fürstentums Lüneburg in Celle
und der Klosterkammer Hannover.

Vorwort

In dieser Neuausgabe wird erstmalig das vollständige Liederbuch in seiner Gesamtheit vorgestellt. Die bisherigen Ausgaben konzentrierten sich im wesentlichen auf die niederdeutschen Texte. Die lateinischen Lieder blieben weitgehend unberücksichtigt, einige von ihnen sind sogar bis heute unbekannt geblieben. Die Veröffentlichung auch dieser Lieder wird nun in der vorliegenden Ausgabe nachgeholt.

Zu diesem Zweck wurden zunächst die bisher unberücksichtigt gebliebenen Lieder neu gelesen, was bald dazu führte, sich auch der übrigen Texte anzunehmen und eine völlige Neuausgabe anzustreben, die – bei aller Hochachtung vor den Leistungen der früheren Herausgeber – nicht auf ältere Veröffentlichungen zurückgreift. Auch die Melodien wurden neu bearbeitet, wobei eine Korrektur offensichtlicher Fehler versucht wurde. In Anlehnung an die Handschrift, welche die F- und die C-Linie markiert, wurden die Melodien im C-Schlüssel notiert.

Darüber hinaus wurde dieser Ausgabe ein neues Konzept zugrunde gelegt. Sie wendet sich vornehmlich an den Leser, der sich in die geistliche Welt des Mittelalters versenken und, dem Beispiel der frommen Klosterfrauen folgend, das religiöse Gedankengut jener Zeit für sein eigenes geistliches Leben nutzbar machen will. Um dieses Vorhaben zu erleichtern, wurde die Liedfolge nummeriert, den Texten jeweils eine Überschrift gegeben und eine Übertragung in die heutige Sprache in synoptischer Parallelität hinzugefügt. Hierbei ergab sich die Schwierigkeit, dass beim Versuch möglichst wortgetreuer Übersetzungen viel von der ursprünglichen Kraft und besonders der farbigen Bildhaftigkeit der originalen Sprache verloren ging. Außerdem bereitete die Mehrdeutigkeit einzelner Begriffe Schwierigkeiten. Daher mußte ich mich des öfteren mit einer Annäherung an den Sinngehalt begnügen. Auf diese Weise sollen dem Leser die Inhalte nahe gebracht und die Originalgestalt der Texte erschlossen werden.

In diesem Zusammenhang sei erwähnt, dass ich seit über dreißig Jahren an den Wienhäuser Konzerten, bei denen viele diese Lieder alljährlich erklingen, beteiligt bin. Auf diese Weise wurden die Liedtexte immer wieder von mir selbst „meditiert", was sicherlich meine Übertragungen beeinflußt hat.

Um darüber hinaus auch wissenschaftlichen Ansprüchen wenigstens in Ansätzen zu genügen, wurde ein umfangreicher Anmerkungsapparat beigefügt. Das, wie auch das Lesen der Texte selbst, setzte verschiedene Kenntnisse voraus, nicht nur der lateinischen und deutschen Sprache mit dem Schwerpunkt Mittelalter, sondern auch auf den Gebieten Musikwissenschaft und Theologie. Aus diesem Grunde bin ich dankbar für wertvolle und freundliche Hilfe, die ich erhielt. Aufrichtigen Dank sage ich Herrn Studiendirektor Helmut Kleinegees, Hannover-Garbsen, Herrn Pater Dr. Willibrord Hekkenbach aus der Benediktinerabtei Maria Laach und Herrn Archimandrit Irenäus Totzke aus der Benediktinerabtei Niederaltaich. Eingeschlossen in diesen Dank sei auch Herr Wolfgang Brandis, der Klosterarchivar für die Lüneburger Klöster, für zahlreiche ergänzende Hinweise.

Hannover-Garbsen, im Frühjahr 2001

Peter Kaufhold

Einführung

Seit seiner Gründung um 1227 ist das in der Nähe der alten Residenzstadt Celle gelegene Kloster Wienhausen immer bewohnt gewesen, zunächst bis zur Einführung der Reformation im 16. Jahrhundert als Zisterzienserinnenabtei, danach als evangelisches Damenstift. Zwar hat es im Laufe der Zeit manche bauliche Veränderung erfahren, dennoch sind die Grundstrukturen der ursprünglichen Klosteranlage bis heute erhalten. So konnten sich hier im Laufe der Klostergeschichte Kunstschätze ansammeln und in so großer Zahl bewahrt werden, wie sie anderenorts kaum zu finden sind, da sie häufig verloren gingen oder zerstört wurden.

Zu diesen Schätzen, die voller Stolz den zahlreichen Besuchern gezeigt werden, gehören nicht nur die mittelalterlichen Bild-Teppiche als spezifische Kostbarkeit des Klosters, die Fresken des Nonnenchores, die Altäre, Schnitzwerke, Glasfenster und anderes mehr. Dazu gehört auch jenes kleine, äußerlich unscheinbare Büchlein, das sich lange Zeit unentdeckt im Klosterarchiv[1] befand und das als die älteste und umfangreichste Sammlung mittelalterlicher Lieder in mittelniederdeutscher Sprache gilt. Es hat ein Format von 14 mal 10 cm, einen Einband aus mit lateinischem Text beschriebenem Pergament und umfaßt 40 beidseitig beschriebene Blätter nebst drei Einlegezetteln, die später zwischen den Blättern 18/19, 27/28 und 36/37 eingefügt sind.

Wegen der bis vor wenigen Jahren weitgehend unberührten Landschaft der südlichen Heide um den Mittellauf des Flüßchens Aller und der sich daraus ergebenden Abgeschiedenheit des Klosters wurde das Wienhäuser Liederbuch von den im 19. Jahrhundert einsetzenden Lieder- Sammlungs- und Forschungsbewegungen überse-

---

[1] Klosterarchiv (KlA) Wienhausen, Hs 9

hen. So blieb es Heinrich Sievers[2] im Jahre 1934 vorbehalten, dieses Kleinod mittelalterlicher Dichtung und Gesänge zu entdecken und damit ein Zeugnis für die kulturelle Fruchtbarkeit auch des niederdeutschen Raumes zu finden. In der Ahnung um die Bedeutsamkeit seines Fundes setzte er sich mit Paul Alpers,[3] einem bekannten Heimat- und Volksliedforscher in Celle in Verbindung, und es begannen gemeinsame Vorarbeiten für eine geplante Herausgabe der Handschrift. Dabei sollte Alpers sich auf die Texte konzentrieren, Sievers nahm sich die Melodien vor.

Mit Hilfe von Professor L. Wolff von der Universität Marburg, einem anerkannten Fachmann für mittelalterliche Sprache und Handschriften, und einiger anderer Fachleute[4] gelang es Alpers, den niederdeutschen Teil der Handschrift in eine heute lesbare Form zu bringen. Die erste Textausgabe erschien 1944, zehn Jahre nach seiner Entdeckung, in einer kleinen Auflage.[5] Gleich nach dem zweiten Weltkrieg wurden die Arbeiten fortgesetzt und die originalen niederdeutschen Texte im Jahre 1947 in einer auch wissenschaftlichen Anforderungen genügenden Form herausgegeben.[6]

Zwei weitere Ausgaben folgten. Im Jahre 1951 veröffentlichte Paul Alpers eine Auswahl, die sich ebenfalls auf die Wiedergabe der niederdeutschen Dichtungen beschränkte.[7] Kleinere sprachliche Verän-

---

[2] Heinrich Sievers, * 1908 in Dorum (Krs. Wesermünde), † 1999 in Tutzing am Starnberger See, studierte Musikwissenschaft in Würzburg und Köln, wo er 1935 promovierte. Anschließend machte er Quellenforschungen zur Musikgeschichte Niedersachsens. Seine berufliche Laufbahn begann er 1937 als Musikkritiker in Braunschweig. Von 1959 bis1973 war er tätig als Professor für Musikwissenschaft an der Technischen Hochschule (heute Universität) Hannover und der dortigen Hochschule für Musik und Theater, deren Kirchenmusikabteilung er außerdem leitete.
[3] Dr. Paul Alpers, * 1887 in Hannover, † 1968 in Celle, war Oberstudienrat am Gymnasium Ernestinum in Celle mit den Fächern Religion, Deutsch und Alte Sprachen, daneben Heimatforscher. Unter anderem beschäftigte er sich mit der plattdeutschen Sprache und alten niedersächsischen und niederdeutschen Volksliedern.
[4] Aufgeführt von Paul Alpers im Niederdeutschen Jahrbuch Nr. 69/70, 1943/47
[5] Paul Alpers, Das Wienhäuser Liederbuch, Hannover-Linden 1944
[6] Paul Alpers, Das Wienhäuser Liederbuch, in: Niederdeutsches Jahrbuch, Heft 69/70, Jahrgang 1943/47.
[7] Das Wienhäuser Liederbuch (von 1470), hrsg. von Paul Alpers, Celle 1951, Druck und Verlag Georg Ströher, Celle.

derungen und Vereinfachungen dienten dazu, die Texte leichter verständlich zu machen.

Die letzte Ausgabe besorgte Heinrich Sievers. Sie erschien in zwei Bänden im Jahre 1954.[8] Der erste Band brachte das ganze Liederbuch in einer faksimilierten Wiedergabe, der für Sievers einzig möglichen Form der Ausgabe des Liederbuches. Der zweite Band enthielt Erläuterungen, welche die im Liederbuch enthaltenen Melodien behandelten. Diese Ausgabe war zwar die erste vollständige, aber außer einer Dokumentation des Schriftbildes wenig brauchbar, da sie, insbesondere für einen breiteren Interessentenkreis, nur schwer lesbar war. Ende der 50er Jahre waren beide Ausgaben vergriffen, und die weitere Nachfrage war so gering, daß sie eine Neuauflage beider Ausgaben nicht rechtfertigte, zumal der Plan für eine neubearbeitete Ausgabe bestand, zu der es bis jetzt jedoch nicht kam.

In dieser Zeit gewann die Beschäftigung mit dem Wienhäuser Liederbuch eine neue Qualität. Den Anlaß dazu bot eine Verbindung der Lieder mit der Hauptattraktion des Klosters, den Wienhäuser Teppichen. Es entstand der Brauch, die jährlich abgehaltenen Tep-

---

[8] Das Wienhäuser Liederbuch, hrsg. von Heinrich Sievers, Wolfenbüttel 1954 (Möseler Verlag).

pichwochen mit zwei Konzerten zu verbinden, die sich beide bis heute den Gesängen des Wienhäuser Liederbuches widmen.[9]

Diese Verbindung zu den Wienhäuser Bildteppichen hat viel zur Bekanntheit des Liederbuches beigetragen. Daraus entstand immer häufiger der Wunsch, sich mit diesem Buch eingehender zu beschäftigen. So wurde auch der Ruf nach einer Neuausgabe immer lauter.

Im folgenden wird nun zunächst eine inhaltliche Übersicht gegeben. Das Wienhäuser Liederbuch enthält 59 Gesänge, ein Prosastück (Nr. 60), einige eingefügte Sprüche, das Fragment eines Briefes (Nr. 61) und eine Notiz. Von den 59 Gesängen sind 55 geistlichen und 4 weltlichen Inhalts (Nr. 18, 53, 58 und 59). 17 von ihnen sind in lateinischer Sprache (Nr. 1 – 11, 13, 23, 26, 41, 57 und 58). Sechs stehen in lateinisch-deutscher Wechselsprache (Nr. 14 – 16, 18, 24

---

[9] Die Bildteppiche und Teppichfragmente sind wohl die wertvollsten und bekanntesten Kunstschätze, die das Kloster vorzuweisen hat. Sie sind im 14. und 15. Jahrhundert entstanden, ausgeführt als Wollstickerei auf Leinen im sog. Klosterstich. Neben biblischen Darstellungen werden Heiligenlegenden bildhaft erzählt: die der hl. Mutter Anna, des hl. Thomas, der hl. Elisabeth, aber auch die Tristan-Sage.
Bereits in den 30er Jahren wurden die Teppiche dreimal jährlich dem Publikum zugänglich gemacht. Nach dem 2. Weltkrieg wurden sie erstmalig wieder vom 30. September bis 2. Oktober 1947 gezeigt. Damit begann der Brauch der Teppichwochen, die nunmehr alljährlich am Freitag nach Pfingsten beginnen und zahlreiche Besucher von weither anlocken.
Anläßlich der Eröffnung der ersten Ausstellung wird „eine musikalische Darbietung an Hand des Wienhäuser Liederbuches und Erläuterungen dazu durch Herrn Dr. Sievers" erwähnt. Dies mag der Anfang gewesen sein für die Konzerte, die seit 1949 regelmäßig parallel zur Teppichausstellung veranstaltet werden.
Während das erste Programm (1949) noch ausschließlich barocke Instrumentalmusik enthielt, rückten vom zweiten Konzert an (1950) die Wienhäuser Lieder immer mehr in den Vordergrund. Hier an authentischem Ort dargeboten hinterließen die Konzerte einen nachhaltigen Eindruck. Die „singenden Nonnen", denen die Sängerinnen Elisabeth Schlemilch (Sopran) und Elisabeth Thomsen (Alt), beide aus Hannover, als erste ihre Stimmen liehen, machten die Vergangenheit mittelalterlicher Klostertradition wieder lebendig. So wurden diese Konzerte zu einem Erlebnis ganz eigener Art und erfreuten sich eines immer stärkeren Zuspruchs.
Als im Jahre 1964 die Mitwirkung des hannoverschen Stimmbildners und Baritons Adolf Rüdiger und 1966 die der Schola Cantorum St. Godehard Hannover begann, entstand die Idee, die Wienhäuser Lieder in zeitgemäße liturgische Gesänge einzubetten, um somit den Eindruck monastischer Atmosphäre zu erwecken. Als jüngste Entwicklung ist eine an früher Polyphonie orientierte Mehrstimmigkeit hinzugekommen, die von jungen Frauenstimmen aus der Schola Cantorum dargeboten wird. Auf diese Weise wird auch die Komponente früher Formen der Mehrstimmigkeit mit in die Darbietung Wienhäuser Gesänge einbezogen.

und 39), die übrigen 36 Lieder sind in niederdeutscher Sprache verfaßt. 15 Lieder sind mit Melodien notiert (Nr. 1— 7, 9, 15, 17, 19, 21, 23, 41 und 50). Das lateinische Lied Nr. 7 enthält einen niederdeutschen Kehrreim, und umgekehrt besitzen die niederdeutschen Lieder Nr. 31 und 36 einen lateinischen Kehrreim.

Die 55 geistlichen Lieder umfassen inhaltlich 4 Themenkreise: Weihnachten einschließlich Verkündigung 14 Lieder (Nr. 1 – 6, 11, 14, 16, 20, 33, 36, 37 und 57), Passion und Ostern 7 Lieder (Nr. 7, 9, 10, 15, 26, 44 und 54), Maria 12 Lieder (Nr. 8, 23, 24, 32, 40, 41, 43, 45, 47 und 50 – 52), schließlich »Leben aus dem Glauben« und Bitte 22 Lieder (Nr. 12, 13, 17, 19, 21, 22, 25, 27 – 31, 34, 35, 38, 39, 42, 46, 48, 49, 55 und 56).

Besondere Bedeutung erhält die Handschrift durch die Lieder, die in anderen Quellen nicht zu finden sind und daher als Wienhäuser Eigengut zu gelten haben, wobei nicht gesagt sein soll, dass diese Lieder auch hier entstanden sind. Die Frage, welche Lieder das Zeichen Wienhäuser Originalität tragen, wird wohl nicht mehr zu klären sein. Fest steht, dass sie, wenn nicht in Wienhausen oder im engeren Umkreis entstanden, durch mündliche Überlieferung hierher gelangt sind, schriftlich fixiert und auf diese Weise vor der Vergessenheit bewahrt wurden.

Dem Wienhäuser Eigengut sind 30 Lieder zuzurechnen, 5 in lateinischer, 3 in lateinisch-deutscher und 22 in niederdeutscher Sprache. Die 25 lateinisch-deutschen und niederdeutschen Lieder (Nr. 15 – 17, 20, 22, 24, 25, 27, 30, 33, 36, 37, 40, 42, 45 – 47, 49, 51 – 56 und 59) sind zwar in den erwähnten Ausgaben von Paul Alpers enthalten, gleichwohl behalten sie als Unikate auch in der vorliegenden Ausgabe ihre spezielle Bedeutung.

Von ebenso großer Bedeutung sind die lateinischen Lieder. Es wurde bereits erwähnt, dass sie in den bisherigen Ausgaben, von einer bloßen Nennung abgesehen, keine Berücksichtigung finden. Dabei weisen sie als Besonderheit interessante Varianten zu den bekannten Lesarten auf, die in dieser Ausgabe nun erstmalig veröffentlicht werden. Gesteigert wird diese Bedeutung durch jene fünf lateinischen Lieder, die sich wiederum als Eigengut unserer Handschrift darstellen (Nr. 5, 8, 11, 23 und 26). Damit ergibt sich der seltene Glücksfall, dass hier nach langer Zeit intensiver Liedforschung einige bisher unbekannte Lieder vorgestellt werden können. Dass zwei dieser Lieder (Nr. 5 und 23) zusätzlich zu ihrem Text über bisher unbekannte Melodien verfügen, unterstreicht noch ihre Bedeutung. Dasselbe gilt für zwei niederdeutsche Lieder (Nr. 15 und 17), die ebenfalls über eine eigene originale Melodie verfügen.

In ihrem Aufbau folgt die Handschrift keiner systematischen Anordnung, die Reihenfolge der Lieder erscheint ziemlich wahllos. Nur zu Beginn ist eine Art Ordnung zu erkennen: 10 lateinische Lieder, beginnend mit dem Weihnachtsfestkreis (Nr. 1 bis 6) und gefolgt von Osterliedern (Nr. 7, 9 und 10). Alle Lieder sind recht sorgfältig von derselben Hand geschrieben und mit Melodien notiert. Nur bei den marianischen Lobsprüchen (Nr.8) und dem Lied »Hæc dies« (Nr. 10) fehlt die Melodie Die Anordnung ist allerdings nicht streng durchgehalten. So werden die Weihnachtslieder unterbrochen durch »Missus est per sidera« (Nr.5), das die vorweihnachtlichen Begebenheiten (Verkündigung und Mariä Begegnung mit Elisabeth) zum Inhalt hat und daher mit seinem adventlichen Schwerpunkt vor den Weihnachtsliedern stehen müßte. Ebensowenig passen die marianischen Lobsprüche (Nr. 8) in die Reihe der Osterlieder. Dennoch bilden diese Lieder eine Einheit, denn das folgende dem Weihnachtskreis zuzuordnende Lied »Audiat vestra caritas« (Nr. 11) zeigt ein neues Schriftbild, wodurch dieses Lied den Beginn eines zweiten Teiles der Handschrift markiert.

Mit diesem zweiten Teil verliert sich jegliche Systematik des Aufbaus. Das hat seinen Grund sicherlich auch darin, dass auf frei gebliebenen Seiten Lieder nachgetragen sind, so beispielsweise das Zachäuslied (Nr. 13). Auch zeigt sich, dass von nun an die Schreiberinnen häufig wechseln.[10] Eine gewisse Ordnung ist lediglich ansatzweise in einigen Gruppen zusammengehöriger Lieder auszumachen. Das sind zunächst 3 aufeinanderfolge Lieder in lateinisch-niederdeutscher Wechselsprache (Nr. 14 – 16), dann die Lieder von den Hostienfreveln (Nr. 21 und 22), ferner die Lieder von der himmlichen Stadt bzw. dem himmlischen Jerusalem (Nr. 25 und 27), die, zwar unterbrochen durch das Osterlied »Dies est lætitiæ«, dennoch nahe

---

[10] Alpers glaubt, daß mindestens fünf Schreiberinnen zur gleichen Zeit beteiligt waren. Die Schriftzüge seien sich manchmal aber so ähnlich, daß sie nicht immer genau unterschieden werden könnten.

genug beieinander stehen. Schließlich ist eine Gruppe mit geistlichen Liebesliedern (Nr. 28 – 31) und die der Gebete (Nr. 46 – 49) zu nennen. Alle anderen Lieder stehen in bunter Reihenfolge, sogar jene mit weltlichem Inhalt sind offenbar wahllos eingestreut.

Über die Herkunft der Lieder ist wenig zu sagen. Die lateinischen Lieder sind im wesentlichen alle im 14. Jahrhundet bezeugt, einige Quellen weisen ins 11. Jahrhundert zurück.[11] Über die Eigenlieder ist keine Aussage möglich. Die Schreibweise entspricht der mittellateinischen Aussprache: »e« statt »æ» und »ci« statt »ti«.

Die übrigen Lieder lassen aufgrund einzelner sprachlicher Merkmale auf verschiedene Ursprünge schließen.[12] 2 Lieder (Nr. 33 und 43) sind Übersetzungen aus dem Hochdeutschen, 2 weitere (Nr. 21 und 29) sind niederländischen Ursprungs). 6 Lieder lassen sich sowohl dem niederländischen als auch dem niederdeutschen Raum zuordnen (Nr. 12, 19, 28, 34, 44), und als niederdeutsch sind 7 Lieder zu erkennen (Nr.17, 18, 38, 39, 45, 51 und 59).

Die in Wienhausen vorhandenen Kunstwerke (Teppiche, Fresken, Holzplastiken, Glasmalereien) bezeugen, dass einerseits die Klosterfrauen selbst sehr kunstfertig waren, gleichzeitig aber auch ihre Kunstschätze aus anderen Orten bezogen. So erhielten sie einige Handschriften aus dem Lüchtenhof in Hildesheim,[13] der seine schöpferische Blütezeit um 1450 hatte und eine enge Verbindung mit Wienhausen pflegte. Die eigenen künstlerischen Ambitionen der Nonnen aber haben wohl auch deren Liedschaffen eingeschlossen, und zumindest einige Lieder könnten daher ihren Ursprung in Wienhausen selbst oder in der unmittelbaren Umgebung gehabt haben. Das Lied von den Wienhäuser Klosterregeln (Nr. 39) nennt den Klosternamen und legitimiert sich so als originale Wienhäuser Schöpfung. Zu einer Plastik vom kreuztragenden Christus passt als Meditation das Lied von der Nachfolge Christi »Heff up dyn cruce« (Nr. 19), und das Glasbild von der den gekreuzigten Christus umarmenden Caritas mag die Anregung gegeben haben zu der Kreuzmeditation »Boge dyne strenge telge« (Nr. 28). Eine weitere Parallele ergibt

---

[11] Vgl. Wackernagel
[12] Paul Alpers stellt hierzu in seiner Einführung zur Ausgabe im Niederdeutschen Textes genauere Untersuchungen an (vgl: Niederdeutsches Jahrbuch 69/70).
[13] Appuhn, Chronik S. 27

sich zwischen dem Elisabeth-Teppich und der Ballade vom Landgrafen Ludwig und der hl. Elisabeth. Schließlich erlaubt das Eigenlied »Guden rat hebbe ik vornomen« (Nr.17) den Rückschluss auf Originalität.

Es bleibt noch, der Frage nach der Datierung dieser Handschrift nachzugehen. Paul Alpers legt sich auf das Jahr 1470 fest. Dabei bezieht er sich auf die Klosterchronik, die für die Jahre 1470 und folgende von der Anfertigung einiger Bücher, die auch Gesänge enthalten, berichtet, welche vom Kloster in Auftrag gegeben worden sind.[14] In diesen Aufträgen wird gesprochen von Büchern „mit Antiphonien und allerhand Gesängen auf den Chor zu brauchen". Dabei stört, bezogen auf unser Buch, der Zusatz „auf den Chor zu brauchen". Berücksichtigt man die Größe des Buches und die verschiedenen Schriftbilder, muss man zu der Feststellung kommen, dass es nicht für den „Gebrauch im Chor" vorgesehen sein konnte, denn eine solche Verwendung lässt die Aufmachung nicht zu. Näher liegt die Vermutung, dass dieses Buch dem Privatgebrauch einzelner Nonnen, vielleicht der Äbtissin selbst, vorbehalten war, was nicht bedeuten soll, dass diese Lieder nicht auch in den klösterlichen Gottesdiensten gesungen wurden, denn die Gesänge waren im Gedächtnis lebendig. Demnach kann es sich wohl kaum um eine von den um 1470 genannten Auftragsarbeiten handeln. Vielmehr ist anzunehmen, dass sich die Anfertigung des Buches über einen mehr oder weniger längeren Zeitraum erstreckte, wobei als gesichert gelten darf, dass die zweite Hälfte des 15. Jahrhunderts als Entstehungszeit anzusehen ist und dass die Sammlung wohl zur Regierungszeit der Äbtissin Katharina von Hoya, also zwischen 1433 und 1470 zumindest angelegt wurde. Dabei muss die in dem Lied vom Breslauer Judenfrevel (Nr. 21) genannte Jahreszahl 1453 die Entstehungszeit des Liederbuches nicht unbedingt einengen. Sie besagt nur, dass dieses Lied und demnach auch die folgenden nicht vor 1453 aufgeschrieben sein können. Der Anfang des Buches, besonders jener besonders sorgfältig geschriebene Teil, kann durchaus bereits früher entstanden sein, zumal die hier notierten Lieder alle älteren Ursprungs sind.

---

[14] Vgl.: Alpers, Niederdeutsches Jahrbuch 69/70 und: Appuhn, Chronik S. 26f

Mehrere Lieder lassen uns Genaueres über die Vollendung des Buches und damit über das Datum der endgültigen Fertigstellung vermuten. Da ist einmal das Lied von den Wienhäuser Klosterregeln (Nr. 39). Es spricht von den monastischen Tugenden und regt somit an, die Ernsthaftigkeit des eigenen kösterlichen Lebens zu überdenken. Abgesehen davon, dass dieses Lied Wienhausen als Entstehungsort des Liederbuches ausweist, passt es zum Jahre 1470, in welchem eine Klosterreform von Hildesheim aus nach dem Vorbild der Windesheimer Kongregation[15] auch Wienhausen erfasste. Die Einführung dieser Reform führte in demselben Jahre zur Absetzung der weltoffenen Äbtissin Katharina von Hoya und zu ihrer Verbannung in das Kloster Derneburg.

Zu weiteren Überlegungen geben die weltlichen Lieder Anlaß, insbesondere das Lied vom Esel in der Schule (Nr. 18), das Lied von der Klage des Häsleins (Nr. 58) und von der Vogelhochzeit (Nr. 59). Wenn in einem Kloster gerade eine Reform eingeführt wurde, die immer auch jegliche Form des Klostergesanges einschloss und deren Durchsetzung im Hinblick auf die Absetzung des Äbtissin geradezu revolutionäre Ausmaße angenommen haben muss, dann ist es kaum denkbar, dass man sich der Beschäftigung mit solch spaßhaften und wenig geistlichen Texten zuwendet, geschweige denn ihre Niederschrift erlaubt. Berücksichtigen wir nun, dass sich eine Reform niemals plötzlich und unerwartet ergibt, sondern sich in der Regel durch zunehmende Konflikte ankündigt, können wir verstehen, dass beide Elemente, die weltoffene Geisteshaltung und der Reformwille in unserem Buch ihren Niederschlag gefunden haben. Folglich muss sein Entstehen in die Zeit vor 1470 datiert werden.

Ein weiteres Indiz liefert die »Strafpredigt an die Nonnen«. Ihre Niederschrift in Reimprosa deutet an, dass sie in dieser Form, ja vielleicht überhaupt nie gehalten wurde. Aber wenn auch die hier geschilderten Ereignisse nur fiktiv gewesen sein sollten,[16] bildet die Strafrede doch eine Rechtfertigung für den Regierungsstil der Äbtissin und zeigt an, dass diese sehr wohl auf Anstand und Ordnung in ihrem Kloster zu achten vermochte. Voraussetzung dafür aber ist

---

[15] s. S. 21 und Fußnote 20
[16] Das wäre sicher der Fall, wenn diese Strafrede sich als Parodie erweisen würde, was nicht unbedingt auszuschließen ist.

das Bestehen der uneingeschränkten Autorität. Daher dürfen wir die Vollendung unserer Handschrift in der Zeit annehmen, die mit dem Höhepunkt der Regierung der Äbtissin Katharina gleichzusetzen ist, das bedeutet um das Jahr 1460.[17] Nach dem Reformjahr 1470 verschwand es dann vermutlich als abzulehnendes und verachtungswürdiges Schreibwerk in der Klosterbibliothek, um darauf in Vergessenheit zu geraten, bis es 1934 wiedergefunden wurde.

Sollten diese Überlegungen zur Datierung zutreffen, würde das bedeuten, daß in unserem Buch die ältesten Niederschriften vieler bekannter Lieder enthalten sind, ein Annahme, die auch von Paul Alpers unterstützt wird und die große Bedeutung des Wienhäuser Liederbuches unterstreicht.

---

[17] Diese Jahreszahl nimmt auch Heinrich Sievers an, ohne sie jedoch näher zu begründen. In seiner Ausgabe schreibt er dazu:
»Das Wienhäuser Liederbuch war Privateigentum und ist nicht zu den offiziellen liturgischen Büchern des Klosters zu rechnen. Wahrscheinlich gehörte es der klugen und weltgewandten Äbtissin Katharina von Hoya (1433-1470), wie aus einem beigehefteten Zettel zu schließen ist. Sie ließ es, dem Schriftbild nach zu urteilen, in Eile von einer anderen, älteren Vorlage abschreiben. Daraus erklären sich die vielen Flüchtigkeitsfehler und letzten Endes auch die wenig planvolle Anlage des Büchleins. Eine genaue Festlegung des Entstehungsjahres ist nicht möglich. Da in dem Liede »In tyden van den jaren« (Nr. 21) das Jahr 1453 genannt wird, Katharina jedoch nur bis 1470 amtierte, könnte man die Niederschrift zwischen 1455 und 1470 datieren. Wahrscheinlich entstand sie um 1460.«

Das geistliche und musikalische Umfeld
des Wienhäuser Liederbuches

Nach den Wirren der Völkerwanderung und dem Untergang des weströmischen Reiches (476) brachte die Christianisierung der Franken auf dem Gebiete Westeuropas den Aufstieg einer neuen kulturtragenden Kraft, die sich fortan auch auf die weitere Entwicklung der abendländischen Kirche auswirken sollte. Stützpfeiler dieser Kraft war das Mönchtum mit seinem durch Gebet und Arbeit bestimmten Tagesablauf. Da beides weitgehend im Miteinander, also auch das Gebet im Chor verrichtet wurde, – dieses unterscheidet die zönobitischen Mönchsgemeinschaften von den idiorhythmischen Einsiedlern – gehörte immer auch der Gesang dazu, denn erst der Gesang bietet die Möglichkeit zu einem gemeinsamen Vollzug des Gebetes.

Die Entwicklung, Verbreitung und Pflege des Gesanges geschah in den Klöstern durch Gebrauch und Übung bei den täglichen Gottesdiensten. Dabei kam es den Mönchen nicht in erster Linie auf die musikalische Qualität des Gesanges an. Vielmehr ging es um den gemeinsam gefeierten Gottesdienst, in welchem das gesungene Wort nicht nur wegen der größeren Textverständlichkeit, sondern auch als dichteste Form rhetorischen Ausdrucks im Vordergrund stand. In einem tiefen Sinne hat der gregorianische Choral, wie der liturgische Chorgesang in Beziehung zu Papst Gregor den Großen (590 – 604) genannt wurde, sich niemals als Musik empfunden, sondern immer als Verkündigung des Wortes.

Missstände, die die Kirche und das Mönchtum gegen Endes des 1. Jahrtausends erfasst hatten, ließen Reformbewegungen aufkommen, aus denen heraus neben anderen Erneuerungen auch der Zisterzienserorden entstand. Dieser machte sich vor allem in den norddeutschen Landen und bis weit in den europäischen Osten hinein verdient durch die Urbarmachung der Wälder und Sumpfgebiete. Auch der gregorianische Choral, den man in Abkehr zu seiner ursprünglichen Intention infolge der Melismenfreudigkeit der Gesänge mehr und mehr als Gesangskunst empfand, wurde in diese Reformen einbezogen. Lange Melismen galten oft nicht mehr als meditatives Element der Wortverkündigung, sondern als unzulässiges Ornament. Wie die Architektur möglichst schmucklos sein und auf ornamentales Beiwerk verzichten sollte, durfte sich auch im Gesang keine große Kunstfertigkeit mehr entwickeln. So entstand der „Zisterzienserchoral", der jedes Melisma unabhängig von seinen motivischen Zusammenhängen willkürlich verkürzte.

Diese Entwicklung war einer der Gründe für den langsamen aber stetigen Verfall des gregorianischen Chorals. Es bildeten sich andere, neue Formen von Gesängen heraus, die zunehmend unabhängig von der Gregorianik die Entwicklung europäischer Musikgeschichte bestimmten. Dabei musste bald auch im liturgischen Bereich durchaus nicht die durch Reformen geforderte Strenge eingehalten werden. Hier, wie auch in anderen Lebensbereichen kam es immer wieder dazu, dass allzu große Strenge sich umkehrte zugunsten von Schönheitsempfinden und den angenehmen Seiten des Lebens, und weil dieses ein sehr menschlicher Vorgang ist, da er den innersten Bedürfnissen des Menschen entspricht, blieben auch die Klöster, die Zisterzienser eingeschlossen, vor solchen Erscheinungen und Entwicklungen nicht bewahrt.

Das ist der Boden, auf dem die Voraussetzungen und Grundlagen für das Wienhäuser Liederbuch reiften. Hinzu kommt, dass es einer längst und vielerorts geübten Praxis entsprach, Lieder nicht nur zu singen, sondern auch aufzuschreiben, um sie damit vor dem Vergessen zu bewahren. Das bedeutet aber auch, dass die mündliche Weitergabe nicht mehr die einzige Form der Überlieferung ist, was die Farbigkeit einer erlebten Liedpraxis erheblich verblassen läßt. Dennoch stellt die schriftliche Fixierung für uns heute einen Glücksfall dar, denn nur auf diese Weise konnten die Gesänge zu uns und in unsere Zeit gelangen und uns damit Zeugnis geben von den Umständen, Gewohnheiten und Bräuchen auch des religiösen Lebens jener Zeit.

Unser Liederbuch zeugt von der großen Breite und Vielfältigkeit hoch- und spätmittelalterlicher Gesangspraxis. Dabei bleiben die Beispiele nicht auf das geistliche Liedgut beschränkt, auch die weltliche Dichtung findet, wie wir schon sahen, ihren Niederschlag. Außerdem bietet es von vielen zum Teil uns heute noch bekannten Liedern des 11. bis 15. Jahrhunderts die älteste erhaltene Niederschrift.

Der wohl älteste im Wienhäuser Liederbuch aufgezeichnete Gesang ist das »Dilectus meus« (23). Ganz in der Tradition des Gregorianischen Chorals stehend enthält er genau die Elemente, die diese Gesangsrichtung ausmachen: Wortgebundenheit und meditatives Innehalten in den Melismen. Die auffallend großen Tonsprünge sind typisch für den Choralgesang des 12. und 13. Jahrhunderts und weisen große Ähnlichkeit mit den Liedern der heiligen Hildegard von Bingen (1098 – 1179) auf. Sie zeugen gleichfalls von der zeitgemäßen Auffassung im Umgang mit diesen Gesängen, in der nicht mehr die rhetorische Komponente dominiert, sondern durchaus Stimme und Gesang als Tonkunst empfunden werden. Gleichfalls zeigt uns dieser Gesang, dass die Forderungen der Reform in Wienhausen vielleicht schon bei der Klostergründung nicht mehr in ursprünglicher Strenge eingehalten wurden, denn sonst hätte ein solch melismenreicher Gesang niemals geduldet werden dürfen.[18]

Bei diesem Gesang handelt es sich um eine Marianische Antiphon in der Form eines Responsoriums, dessen Vers »veni« eine weitere hochmittelalterliche Besonderheit aufweist. Vom 10. Jahrhundert an wurde es üblich, längere Melismen syllabisch mit Texten zu unterlegen oder hymnische Strophen (Troparien oder Tropen) in bestehende Gesänge einzufügen. Einen solchen Tropus finden wir vor im zweiten Teil dieses Responsoriums.

Obgleich die Anlage dieses Gesanges als Marianische Antiphon sich keinem bestimmten Marienfest zuordnen läßt, ist anzunehmen, daß dieses Responsorium zum festen Bestand des Klostergesanges gehört hat, denn im Zisterzienserorden erfuhr die allheilige Jungfrau und Gottesgebärerin Maria stets eine besondere Verehrung nicht nur als Mutter Christi, sondern auch als Braut des Heilandes, woraus die Klosterfrauen gleichzeitig eine besondere Beziehung zu sich

---

[18] Diese Annahme wird gestützt durch weitere Gegebenheiten: Von Anfang an war das Kloster reich gesegnet mit Besitz und Einkünften, was wohl daran lag, daß die Klosterfrauen überwiegend dem Adelsstande entstammten. Der um 1330 erbaute Nonnenchor entspricht nur äußerlich den baulichen Vorschriften der Zisterzienser, die reichen Fresken im Inneren passen nicht zu der sonst üblichen Strenge des Ordens, ebenso wenig die figürlichen Darstellungen in den bunten Glasfenstern.

selbst ableiteten. Die gleiche Tendenz zeigen auch die anderen Marienlieder unseres Buches (Nr. 8, 16, 24, 40, 41, 43, 45, 50 und 52).

Die Sonderstellung des »Dilectus meus« besteht einmal darin, dass es der einzige nicht liedhafte Gesang dieses Buches ist. Zum anderen ist dieser Gesang sehr sorgfältig geschrieben und sauber notiert, wodurch er trotz der größeren äußeren Einfachheit eine Beziehung herstellt zu einer anderen kostbaren Handschrift des Klosters, dem etwas später entstandenen Responsoriale,[19] einem Chorbuch für die nächtlichen Gottesdienste der Metten.

Der Tropus als Textunterlegung unter bestehende Melismen oder auch als gleichzeitige melodische Erweiterung findet eine Sonderform in der Sequenz, die immer eine Erweiterung des Allelujagesanges darstellt. Für diese Gattung enthält das Wienhäuser Liederbuch kein Beispiel, dafür aber um so zahlreicher für eine andere gleichfalls sehr verbreitete Tropusform, die ebenso wie die Sequenz zur Entstehung des lateinischen und später auch des deutschen Kirchenliedes geführt hat: der »Benedicamus-Tropus«. Die tägliche Vesper, das Abendlob der Klostergemeinschaft, und die Laudes, das Morgenlob, enden jeweils mit dem Ruf: »Benedicamus Domino« (Lasset uns preisen den Herrn), worauf als Antwort folgt: »Deo gratias« (Dank sei Gott). Diesen Ruf zu erweitern und daraus gleichsam ein Schlusslied zu machen, erfreute sich großer Beliebtheit. Daher können wir auch im Wienhäuser Liederbuch 6 Beispiele von Benedicamus-Tropen finden (Nr. 1, 2, 4, 7, 9 und 13).

Die dritte im Wienhäuser Liederbuch anzutreffende Liedgattung ist der Hymnus in der Gestalt, wie er sich im Hoch- und Spätmittelalter ausgeprägt hatte: Strophenform und Endreim. Die Hymnen haben ihren Platz in den großen Stundengebeten, den Laudes, der Vesper und der Komplet. Inhaltlich beziehen sie sich auf die Tageszeit oder das gerade gefeierte Fest. Ihr spezielles Kennzeichen aber ist die Schlussstrophe, die immer eine Doxologie, einen Lobpreis auf den dreieinigen Gott enthält. Unsere Handschrift zeigt ein Lied in dieser hymnischen Form (Nr. 41).

Mit dem Hymnus eng verwandt ist die Cantio. Darunter ist das einstimmige lateinische Lied des Mittelalters zu verstehen. Es weist

---

[19] Klosterarchiv Wienhausen Hs 29

ähnliche Kennzeichen wie der Hymnus auf: Strophenform und Endreim. Allerdings ist in dieser Gattung die den Hymnus abschließende Doxologie nicht zwingend vorgeschrieben. Dafür ist sie häufig von starker Volkstümlichkeit bestimmt und enthält oft einen Kehrvers. Als Cantio können wir 8 Lieder ansehen (Nr. 3, 5, 6, 8, 10, 11, 26 und 57). Da diese Gattung sich nicht ausschließlich auf das geistliche Lied beschränken muß, dürfen wir hier noch ein weltliches hinzufügen (Nr. 58).

Bei dieser formalen Zuordnung gibt uns das Weihnachtslied »Resonet in laudibus« (Nr. 3) einen besonderen Hinweis. Mit seiner Sprache, ferner dem Strophenbau, Reim und Kehrvers weist es sich als Cantio aus. In den Kehrvers der notierten ersten Strophe aber ist der Anfang des biblischen Canticums Simeonis (Lk 2, 29a) eingeschoben. Diese Eigentümlichkeit hat nur dann einen Sinn, wenn sich darin eine gottesdienstliche Praxis widerspiegelt. Das Canticum Simeonis ist im Abschlussgebet des Tages, der Komplet, enthalten. So ist durchaus vorstellbar, dass dieses Canticum am Weihnachtsfest durch jenes Lied umrahmt wurde. Wenn diese Vermutung zutrifft, haben wir hier einen Hinweis darauf, dass zumindest einige der Lieder auch in den Gottesdiensten gesungen wurden, was dann auch auf die Benedicamus-Tropen zutreffen würde.

Aber nicht nur die eben genannten Beispiele, auch Anklänge an melodische Zitate aus liturgischen Gesängen scheinen den gemeinschaftlichen Gebrauch zu bestätigen. Als Beispiel hierfür sei der Benedicamus-Tropus »Puer natus hodie« angeführt. In dem notierten Anfang fällt ein Quintsprung, der eindeutig an den Beginn des Introitus' »Puer natus est« der 3. Weihnachtsmesse erinnert und diesen offensichtlich zitieren will. Mit dem Text der eingeschobenen Verse »e – o, concio«, den wir als »he – ho«, oder »Hallo, Gemeinde« deuten, scheint es sich hier um einen weihnachtlichen Weckruf am Schluss der Laudes oder deren Fortsetzung in den Gängen des Klosters zu handeln. Wenn ein solcher Weckruf nicht unmittelbar im liturgischen Vollzug gestanden haben muss, dann steht er zumindest indirekt in gottesdienstlicher Verbindung als Aufforderung, dass gleich der festliche Weihnachtsgottesdienst beginnt mit dem Introitus »Puer natus est nobis«, einer Andeutung, wie sie in gregorianischen Gesängen häufig und gerne gemacht wird.

Auf einer Übergangsstufe zwischen Cantio und deutschem Lied stehen die Gesänge mit lateinisch-deutschen Mischtexten. Die Häufigkeit dieser Liedart, die im Wienhäuser Liederbuch anzutreffen ist, läßt erkennen, daß wir es hier mit einer doch recht beliebten Praxis zu tun haben. Als bekanntestes Beispiel finden wir das Weihnachtslied »In dulci jubilo – nun singet und seid froh« (Nr. 14). An seiner Seite stehen 5 weitere Lieder (Nr. 15, 16, 18, 24 und 39).

Unwahrscheinlich ist dagegen die gottesdienstliche Verwendung der deutschen Lieder, zumal wir eine konkrete liturgische Zuordnung nicht ausmachen können. Außerdem müssen wir berücksichtigen, dass die liturgische Sprache das Latein und der Gebrauch der Muttersprache nur in Ausnahmefällen üblich war. Daher ist das Singen dieser Lieder eher dem Privatbereich und der persönlichen Betrachtung der Klosterfrauen vorbehalten. Dennoch kann nicht ausgeschlossen werden, dass sie außerhalb der Gottesdienste ihren Platz im gemeinschaftlichen Klosterleben hatten, etwa bei der täglichen Arbeit, wie beim Sticken der Teppiche. So ließe sich beispielsweise eine Verbindung herstellen zwischen dem Elisabeth-Teppich und der Ballade vom Landgrafen Ludwig und der hl. Elisabeth.

Selbstverständlich ist das nur eine Vermutung, dem Liederbuch selbst können wir keinen Hinweis darauf entnehmen, welche Rolle die Lieder im gemeinsamen Klosterleben spielten.[20] Dennoch offenbart es uns den Liedschatz, der zu damaliger Zeit den Klosterfrauen bekannt war, und das liefert uns Aufschlüsse über die Bedeutung des Buches. Ganz sicher galt die schriftliche Fixierung dem Anliegen, die Lieder zu bewahren und ihr Vergessen zu verhindern. Was dabei auffällt und das Buch auszeichnet, ist die Vielfalt und Unterschiedlichkeit der Lieder. Es wird der Bogen gespannt vom gregorianischen Choral, der zur Entstehungszeit des Buches schon lange zur Tradition geworden war, über die Gesänge, die in Anlehnung an den Choral entstanden, bis zu jenen Liedern, in denen sich Frömmigkeit und lebendiges Empfinden der damaligen Gegenwart Ausdruck verschaffte und von der Kraft des damaligen Volksglaubens zeugte.

Das Hoch- und Spätmittelalter war für das religiöse Leben und speziell für das Mönchtum eine bewegte Zeit. Nach einer Blütezeit im

---

[20] Vgl. auch Fußnote 17, Seite 14: Privateigentum der Äbtissin.

12. Jahrhundert folgte ein Niedergang, der erst mit einer erneuten Regenerierung gegen Ende des 14. Jahrhunderts beendet wurde. Eine der bedeutendsten Reformstätten jener Zeit war das Kloster Bursfelde an der Oberweser, dessen Einfluß sich auf fast alle Klöster im nördlichen Teil Deutschlands erstreckte, weshalb sie sich zu der »Bursfelder Kongregation« zusammenschlossen. Auch die Hildesheimer Klöster St. Michael (1453) und St. Godehard (1466) traten dieser Kongregation bei.

Als zweite Bewegung erreichte die »Windesheimer Kongregation« den niederdeutschen Raum.[21] Diese war maßgeblich beteiligt an der Verbreitung des geistlichen Gedankenguts der »Devotio moderna«, einer neuartigen persönlichen, verinnerlichten Form der Frömmigkeit, deren Ursprung in der Mystik zu sehen ist. Ihre Anhänger schlossen sich zusammen als »Brüder und Schwestern vom gemeinsamen Leben«. Sie führten ein mönchsähnliches Leben, ohne jedoch die Gelübde abzulegen. Von den Niederlanden ausgehend (Zwolle, Deventer) erreichten sie über den Niederrhein (Kempen, Werden) und Westfalen (Münster, Schüttorf) den niederdeutschen Raum und kamen nach Hildesheim, wo sie sich im Lüchtenhof am Brühl ein Zentrum schufen. Von hier aus unterhielten sie enge Verbindung auch zum Kloster Wienhausen, in welchem sie die Reform vorbereiteten und 1470 schließlich durchsetzten.[22]

Mit diesen Reformbewegungen stehen die Wienhäuser Lieder spirituell in Verbindung. Zu einer Zeit, in der das südliche Europa bereits von den Einflüssen der Renaissance erfasst war und auch die Kirche weitgehend der Versuchung zur Verweltlichung erlag, blühen hier noch einmal die Gedanken mittelalterlicher Mystik auf. Die großen Vorbilder Bernhard von Clairveaux (1090 – 1153), Hildegard von Bingen (um 1098 – 1179), Heinrich Suso (um 1295 – 1366) und Thomas von Kempen (um 1380 – 1471) finden hier gleicherweise ihre Schüler und Nachahmer. Dabei steht jedoch nicht die hohe geistige Qualität dieser Vorbilder im Vordergrund, sondern der Wille zu Volksnähe und Volkstümlichkeit. Aus diesem Geist heraus verste-

---

[21] Windesheim liegt bei Zwolle in den Niederlanden, Diözese Utrecht. Das Kloster wurde 1387 als Augustiner-Chorherrenstift gegründet. In den Wirren der Glaubensspaltung wurde es 1581 zerstört und der Hauptsitz der Kongregation nach Köln verlegt.

[22] vgl. Seite 11

hen sich die einzelnen Lieder, die, wenn nicht in Wienhausen, so überwiegend in den Niederlanden und im ganzen nordwestdeutschen Raum entstanden und hier in Wienhausen schließlich aufgeschrieben worden sind.

Das Hauptanliegen der Devotio moderna war die »Nachfolge Christi« (Thomas von Kempen). Diese Idee artikuliert sich deutlich in dem Lied »Heff up dyn cruce« (Nr. 19), in welchem die wörtliche Aufforderung ergeht: »hestu my leff, so volge my«. Noch weit in die Neuzeit hinein, mindesten bis ins Barockzeitalter, wirken diese Gedanken fort, was ein Lied des 17. Jahrhunderts belegt:

> Zur Seele spricht der Herr vertraut;
> »Nimm's Kreuz auf dich, geliebte Braut,
> und folg' mir nach ohn' Klagelaut;
> ich trug's zuerst aus Lieb' zu dir,
> liebst du mich wieder, folge mir.«

Noch zwei weitere Lieder befassen sich mit dieser Thematik (Nr 28 und 44).

Die mittelalterliche Mystik verschafft sich Ausdruck in der geistlichen Minnedichtung (Nr. 12, 24, 29, 31, 35 und 45). Auf sehr innige Weise wird die liebende Sehnsucht zu Christus als dem himmlischen Bräutigam beschrieben. Das Verlangen nach dem Jenseits bildet den Hintergrund der beiden Lieder vom himmlischen Jerusalem (Offb 21, Nr. 25 und 27). Das setzt sich fort in der Abkehr von allem Irdischen und der Verachtung der Welt (Nr. 34). Auch diese Einstellung blieb bis in das Barockzeitalter erhalten: »Welt ade, ich bin dein müde«. Aus dieser Haltung heraus ergeben sich Forderungen für eine fromme Lebensführung, denen sich 3 Lieder widmen (Nr. 17, 30 und 55). Auch die Klosterregeln (Nr. 39) kann man dieser Gruppe zurechnen. Von der Liebe zur Allegorie zeugt das Mühlenlied (Nr 38), und in der Ballade vom Landgrafen Ludwig (Nr. 42) wird uns ein Beispiel für ein nicht gerade alltägliches, aber dennoch wahrhaft christliches Leben vorgeführt.

Zwei Lieder (Nr. 21 und 22) bieten uns ein Beispiel für die eucharistische Frömmigkeit des Mittelalters, die häufig gepaart ist mit Judenhass. Die übergroße Ehrfurcht vor der heiligen Eucharistie verbietet den Verzehr des Brotes. Statt dessen setzt eine starke Verehrung ein. Um diese Verehrung zu steigern und dazu mit göttlicher Legitimierung zu versehen, wird gerne und oft von Missbräuchen im Umgang mit dem konsekrierten Brot berichtet und von Wundern, die sich im Zusammenhang mit einer Schändung der Hl. Eucharistie ereignen.

Noch eine letzte Gruppe von Liedern läßt sich anführen. Es sind liedhaft geformte Gebete zum Heiligen Geist, zur Gottesmutter und zu einzelnen Heiligen. Diese Lieder stehen alle am Schluß des Buches (Nr. 46, 47, 48, 49, 51, 54 und 56).

Mit dieser Aufstellung sollte kurz das geistliche Gedankengut umrissen werden, das im Wienhäuser Liederbuch seinen Niederschlag gefunden hat. Aber nicht nur die Texte, auch die Melodien, ausgehend von den reichen Melismen der Marianischen Antiphon (Nr. 23) bis zu den schlichten Weisen der übrigen Lieder, stehen ganz unter dem Einfluß der Mystik. Dabei führt die sich auflösende Bindung an kirchentonartliche Modi zu größerer Nähe zum Volkslied. So finden wir im Wienhäuser Liederbuch noch einmal ein literarisches und musikalisches Zeugnis des ausgehenden Mittelalters, aber auch eine Geisteswelt und musikalische Ausdruckskraft, die trotz des Aufkommens von Humanismus und Rennaissance noch weit in die Neuzeit hinein ausstrahlt und auch den gegenwärtigen Leser und Hörer zu ergreifen vermag.

Das Liederbuch

Melodien

und

Texte mit Übertragungen

Die mittelalterliche Notierungsweise benutzt – wie heute noch üblich bei der Notierung des Gregorianischen Chorals – zwei Kennzeichnungen für die Festlegung der Töne im Notensystem: den Fa- (F-) Schlüssel und den Do- (C-) Schlüssel. Entsprechend sind auch im Wienhäuser Liederbuch die Linien F und C markiert. Unsere Übertragung der Noten lehnt sich an die Zeichen der modernen Choralnotation an und stellt so eine Verbindung her zur Originalnotation im Wienhäuser Liederbuch. Daher wird durchgehend der C-Schlüssel gebraucht.

Puer nobis nascitur, Blatt 2a

Puer nobis nascitur

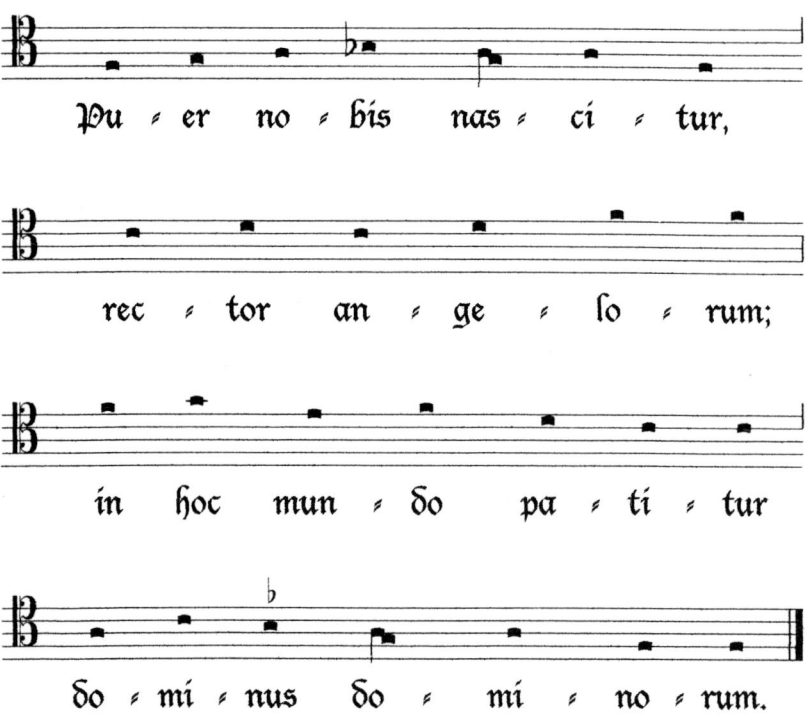

1. Puer nobis nascitur

1. Puer nobis nascitur,
rector angelorum;
in hoc mundo patitur
dominus dominorum.

2. In presepe ponitur;
sub feno asinorum
cognoverunt dominum,
Christum, regem celorum.

3. Hinc Herodes timuit
magno cum tremore;
infantes et pueros
occidit cum dolore.

4. Qui natus est ex Maria
die hodierna,
perducat nos cum gracia
ad gaudia superna.

5. O et I et E et O:
cantibus in choro,
cum canticis in organo
benedicamus domino.

6. Grates omnes debitas
referamus magnas
semper et angelicas
deo dicamus gracias.

Ein Kind ist uns geboren,
der König der Engel;
in dieser Welt gibt sich hin
der Herr aller Herren.

In eine Krippe wird er gelegt;
unter dem Heu der Esel
erkannten sie den Herrn,
Christus, den König der Engel.

Deshalb fürchtete sich Herodes
mit großem Zittern;
Kinder und Knaben
tötete er auf grausame Weise.

Der geboren ist aus Maria
am heutige Tage,
er führe uns in Gnade
zu Himmelsfreuden.

O und I und E und O:
so singt man im Chore,
mit den Stimmen im Reigentanz
lasset uns preisen den Herrn.

Allen schuldigen und großen Dank
lasst uns [dem Herrn] darbringen
und immer mit den Engeln singen:
Dank sei Gott.

Puer natus hodie

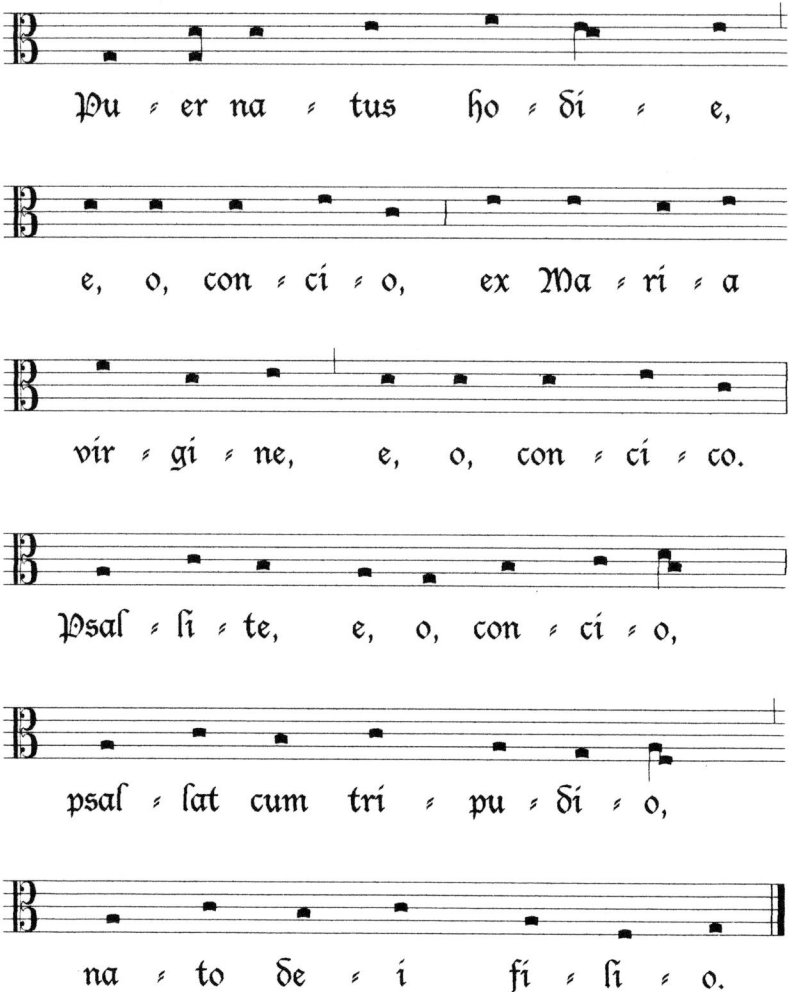

2. Puer natus hodie

1. Puer natus hodie, –
e, o, concio,
ex Maria virgine, –
e, o, concio.
Psallite, –
e, o, concio,
psallat cum tripudio,
nato dei filio.

Ein Kind ist heute geboren, –
merk auf, Gemeinde,
aus Maria, der Jungfrau, –
merk auf, Gemeinde.
Singet Psalmen, –
merk auf, Gemeinde,
Psalmen mit Siegestanz,
da Gottes Sohn geboren ist.

2\. Natus nobis filius, –
e, o, concio,
est rex atque dominus, –
e, o, concio.
Psallite, –
e, o, concio. – ut supra

Ein Sohn ist uns geboren, –
merk auf, Gemeinde,
König ist Er und Herr, –
merk auf, Gemeinde.
Singet Psalmen, –
merk auf, Gemeinde. ... (wie oben)

3\. Natus est Emanuel, –
e, o, concio,
quem predixit Gabriel, –
e, o, concio.
Psallite, –
e, o, concio. – ut supra

Geboren ist Emmanuel, –
merk auf, Gemeinde,
den vorherverkündet Gabriel, –
merk auf, Gemeinde.
Singet Psalmen, –
merk auf, Gemeinde. ... (wie oben)

4\. In presepe ponitur, –
e, o, concio,
ab angelis colitur, –
e, o, concio.
Psallite. – ut supra

In eine Krippe wird er gelegt, –
merk auf, Gemeinde,
von Engeln gewiegt, –
merk auf, Gemeinde.
Singet Psalmen. ... (wie oben)

5. Ergo nostra concio, –
e, o, concio,
benedicat domino, –
e, o, concio.
Psallite, ... ut supra

Daher soll unsere Schar, –
merk auf, Gemeinde,
preisen den Herrn, –
merk auf, Gemeinde.
Singet Psalmen, ... (wie oben)

6. Semper et angelica, –
e, o, concio,
deo dicat gracias, –
e, o, concio.
Psallite. – ut supra

Immer und mit den Engeln, –
merk auf, Gemeinde,
soll sie singen: Dank sei Gott, –
merk auf, Gemeinde.
Singet Psalmen. ... (wie oben)

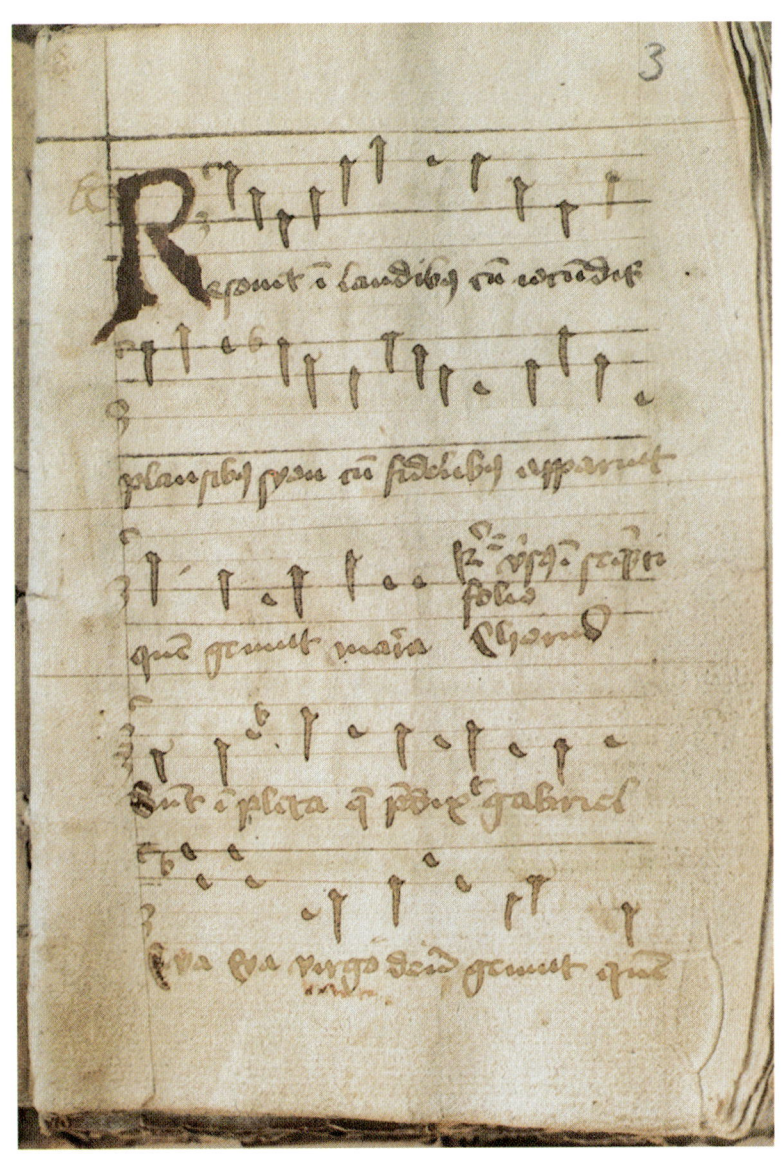

Resonet in laudibus, Blatt 3a

Resonet in laudibus

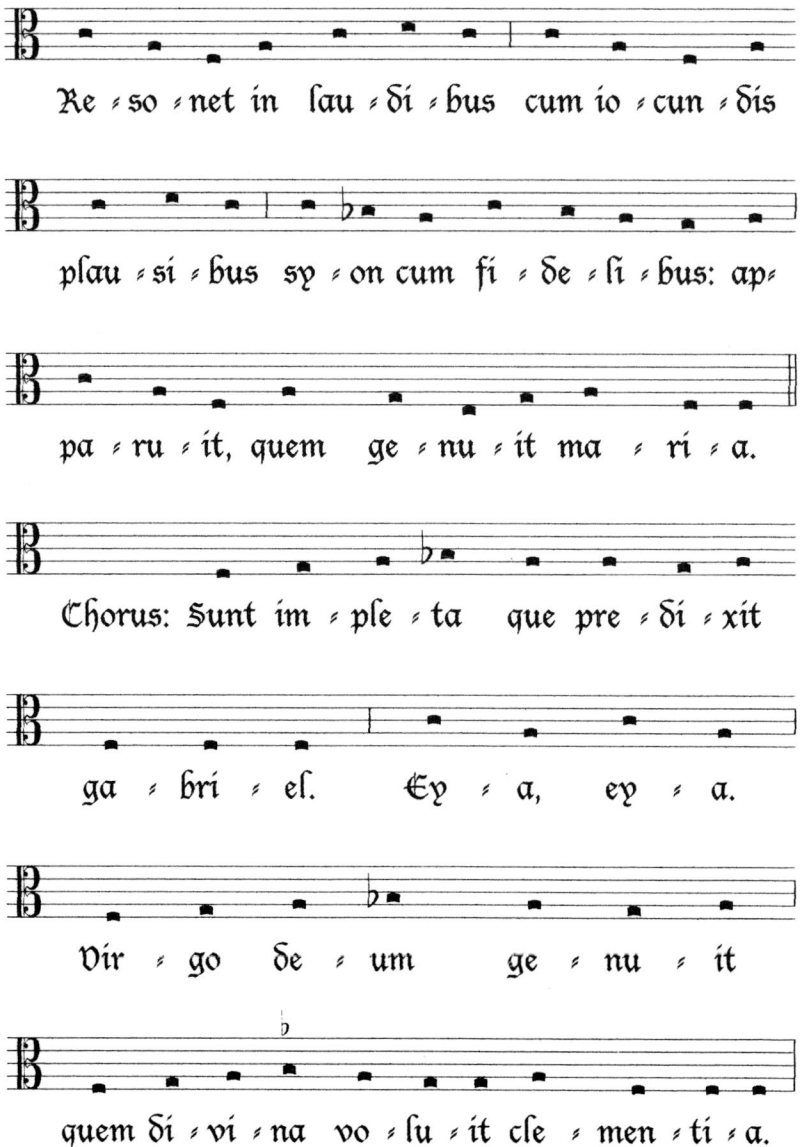

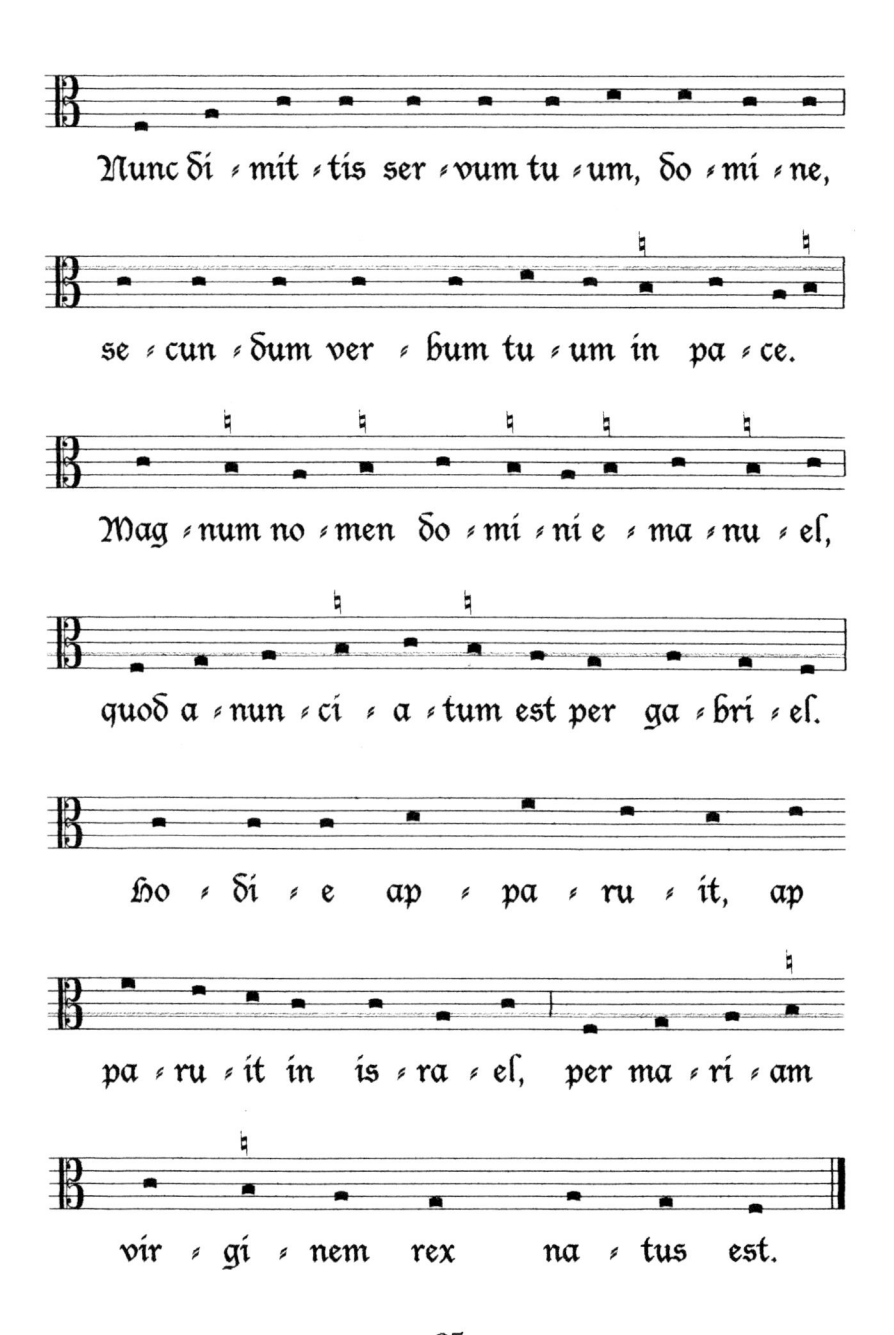

Nunc di-mit-tis ser-vum tu-um, do-mi-ne,

se-cun-dum ver-bum tu-um in pa-ce.

Mag-num no-men do-mi-ni e-ma-nu-el,

quod a-nun-ci-a-tum est per ga-bri-el.

Ho-di-e ap-pa-ru-it, ap

pa-ru-it in is-ra-el, per ma-ri-am

vir-gi-nem rex na-tus est.

3. Resonet in laudibus

1. Resonet in laudibus
cum iocundis plausibus
syon cum fidelibus:
apparuit, quem genuit Maria.

– et ceteri versus
in sequenti folio. –

Chorus: Sunt impleta,
que predixit Gabriel.
Eya, eya. Virgo deum genuit,
quem divina voluit clementia.

Nunc dimittis
servum tuum, domine,
secundum verbum tuum
in pace.

Magnum nomen domini
Emanuel
quod anunciatum est per
Gabriel.
Hodie apparuit, apparuit
in israel,
per Mariam virginem
rex natus est.

2. Natus est emanuel,
quem predixit gabriel,
testis est ezechiel:
apparuit ... et cetera

3. Ergo cum leticia,
qui delevit vicia,
hinc canamus cantica:
apparuit ... et cetera

Es klinge wider in Lobliedern
mit freudigem Klatschen
Sion mit ihren Gläubigen:
Erschienen ist, den geboren Maria.

(und die übrigen Verse
auf dem folgenden Blatt)

Der Chor: Erfüllt ist,
was angekündigt Gabriel.
Eja, eja. Die Jungfrau gebar Gott
nach dem Willen Seiner Güte.

Nun entlässest du
deinen Diener, o Herr,
nach Deinem Wort
in Frieden.

Der große Name des Herrn ist
Emmanuel,
wie verkündet ist durch
Gabriel.
Heut' ist er erschienen, erschienen
in Israel
von Maria, der Jungfrau
ist der König geboren.

Geboren ist Emmanuel,
den verkündet Gabriel,
Zeuge ist Ezechiel:
Erschienen ist ... und so weiter

Drum lasst uns mit Fröhlichkeit,
die vertreibt die Traurigkeit,
davon Lieder singen:
Erschienen ist ... und so weiter

4. Christus natus hodie
ex maria virgine
nec conceptu semine:
apparuit ... et cetera

Christ ist geboren heut'
aus Maria, der Jungfrau
nach samenloser Empfängnis:
Erschienen ist ... und so weiter

5. Qui regnat in ethere
ovem venit quetere;
nullam volens perdere:
apparuit, quem ... et cetera

Der im Himmel regiert
kam, das Schaf zu suchen;
keines sollte verloren gehen:
Erschienen ist, den ... usw

6. Ego nostra concio
omni plena gaudio
laudes dicat domino:
apparuit, quem ge...

Also soll unsere Schar
mit aller Freude erfüllt
Lob sagen dem Herrn:
erschienen ist, den ge(boren) ...

Das Canticum Simeonis

1. Nunc dimittis servum tuum,
   domine
secundum verbum tuum
   in pace:

Nun entlässest du deinen Diener,
   o Herr,
nach Deinem Wort
   in Frieden:

2. Quia viderunt oculi mei
   salutare tuum,
quod parasti ante faciem
   omnium populorum:

Denn meine Augen haben
   geschaut dein Heil,
das du bereitet hast vor dem
   Angesicht aller Völker

3. Lumen ad revelationem
   gentium et
gloriam plebis tuae Israel.

Ein Licht zur Erleuchtung
   der Heiden und
zur Verherrlichung Deines Volkes
Israel.

Puer natus in betlahem

Puer natus in betlahem,
unde gaudet ierusalem;
assumpsit carnem filius
divini patris altissimi.
Chorus: Per gabrielem nuncium virgo concepit filium.

4. Puer natus in Bethlehem

1. Puer natus in betlahem
unde gaudet Ierusalem;
assumpsit carnem filius,
verbum patris altissimi.
Chorus:
Per Gabrielem nuncium
virgo concepit filium.

2. Tamquam sponsus de thalamo
processit matris utero:
hic iacet in presepio,
qui regnat sine termino.
(Ch.:)
Cognovit bos et asinus
quod puer esset dominus.

3. Reges de saba veniunt
aurum, thus, myram offerunt.
Intrantes domum invicem

novum salutant hominem.

Uni trino sempiterno
benedicamus domino.

4. Gaudet chorus angelicus
et gaudemus [cum] pastoribus
et in terris hominibus
eterna pax credentibus.
C:
Ergo semper angelicas
Deo dicamus gracias.

Ein Kind geboren in Bethlehem,
des freut sich Jerusalem;
Fleisch nahm an der Sohn,
das Wort des höchsten Vaters.
Chor:
Durch die Botschaft Gabriels
hat die Jungfrau einen Sohn empfangen.

Wie der Bräutigam aus dem Brautgemach ging er hervor
aus dem Schoß seiner Mutter.
Hier liegt er in der Krippe,
der in Ewigkeit herrscht.
(Chor:)
Es erkennen Ochs und Esel,
daß das Kind der Herr ist.

Könige kommen von Saba, bringen
Gold, Weihrauch und Myrrhe.
Da sie miteinander das Haus betreten,
begrüßen sie ihn als den neuen Menschen.
(Chor:)
Dem einen dreifaltigen, ewigen
Herrn laßt uns lobsingen.

Der Chor der Engel ist voll Freude,
und wir freuen uns mit den Hirten,
und auf Erden sei ewiger Friede
den Menschen, die glauben.
Chor:
Darum wollen wir Gott stets
himmlische Danklieder singen.

Missus est per sidera

Mis-sus est per si-de-ra pa-cis ba-iu-lus.

Gau-de-at pleps mi-se-ra, le-te-tur po-pu-lus. Ga-bri-el fit nun-ci-us de-i-ta-tis con-ci-us, quis can-ta-vit dul-ci-us: A-ve Ma-ri-a.

Chorus: Psal-lat un-an-ni-mi-ter om-nis no-stra con-ci-o, con-cre-pit ce-le-ri-ter na-to do-mi-no.

5. Missus est per sidera

1. Missus est per sidera
pacis baiulus.
Gaudeat plebs misera,
letetur populus.
Gabriel fit nuncius
deitatis concius,
quis cantavit dulcius:
Ave Maria.

Chorus: Psallat unannimiter
omnis nostra concio,
concrepit celeriter
nato domino.

2. Impetrans hospicium
sol iusticie;
mox cepit nuncium
mater leticie.
Nascitur de virgine
Christus sine semine;
dicant omnes femine:
plena gracia.

3. Jacet in presepio
more pabuli.
Reges – dono previo

macte constabuli –
invitat in premio.

Mater pia, cominus,
quem servas in gremio:
Tecum dominus.

Gesandt vom Himmel ist
der Friedensbote.
Es freue sich das Volk im Elend,
es juble die Menschheit.
Gabriel wird zum Boten,
zum Mitwisser der Gottheit.
Wer hat je lieblicher gesungen:
Gegrüßet seist du, Maria.

(Der Chor:) Es singe einmütig
unsere ganze Schar,
sie klatsche eilends in die Hände,
da der Herr geboren ist.

Es gelangt zu ihrer Herberge
die Sonne der Gerechtigkeit;
alsbald empfängt den Boten
die Mutter der Freude.
Geboren aus der Jungfrau wird
Christus ohne Samen;
es sprechen alle Frauen:
Du bist voll der Gnade.

Er liegt in der Krippe
wie [sonst] das Futter [der Tiere].
Die Könige – o, welch Vorge-
  schmack kommender
Erlösung hier im Stall –
lädt er ein, ihren Lohn zu
  empfangen.
Gütige Mutter, ganz nahe ist Er,
den du birgst in deinem Schoß:
Der Herr ist mit dir.

4. Exurgens iuvencula
scandit montana
salutando vetula

cum voce modula.
Exaltavit parvulus,
quem portavit uterus,
tunc in mulieribus
benedicta tu.

5. Nostra post exilium
pelle vicia;
demonstrando filium
tu sis propicia
benedictus in via
fructusque ventris tui,
o clemens piissima
virgo Maria.

6. In honorem iugiter
huius virginis
que ineffabiliter
sic christum genuit,
psallat unanimiter
omnis nostra concio,
concrepit celeriter
nato domino.

Das Mädchen macht sich auf
und steigt ins Gebirge,
um zu grüßen die Greisin
  [Elisabeth]
mit lieblicher Stimme.
Da hüpft das Knäblein,
das ihr Leib trägt:
Du bist gebenedeit
unter den Frauen.

Nach diesem Elend
vertreibe unsere Schuld;
Zeige uns deinen Sohn
sei uns gnädig auf
unserem Wege, und gebenedeit
ist die Frucht deines Leibes,
o gütige, überaus milde
Jungfrau Maria.

Immerfort zu Ehren
dieser Jungfrau
die so unsagbar
Christus geboren hat,
singe einmütig
unsere ganze Schar,
sie klatsche eilends in die Hände,
da der Herr geboren ist.

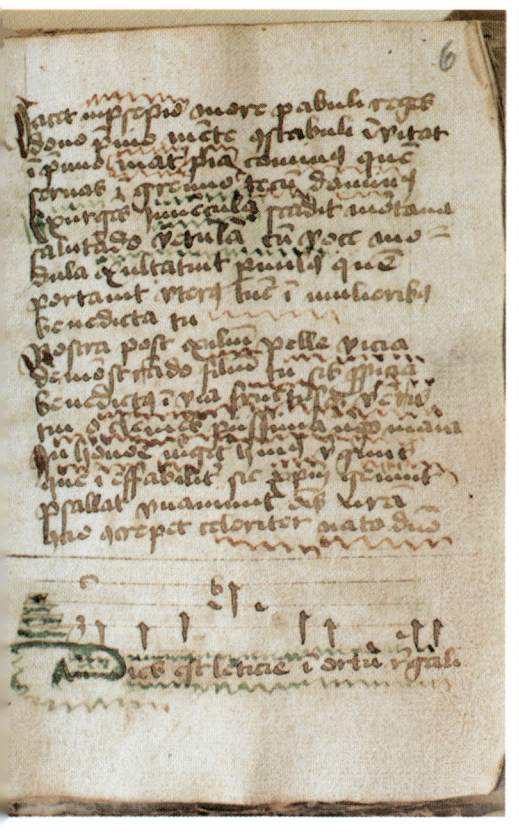

Dies est leticie, Blatt 6a/b

Dies est leticie

Dies est leticie in ortu regali, iam processit hodie de ventre virginali puer admirabilis, vultu desectabilis in humanitate, qui inestimabilis est et ineffabilis in divinitate.

6. Dies est letitiæ in ortu regali

1. Dies est leticie
in ortu regali,
iam processit hodie
de ventre virginali
puer admirabilis,
vultu delectabilis
in humanitate,
qui inestimabilis
est et ineffabilis
in divinitate.

2\. Mater hec est filia
pater hic est natus;
quis audivit talia
deus homo natus;
servus est et dominus
qui ubique cominus
nescit apprehendi,
presens est et eminus,
stupor iste gremius
nescit comprehendi.

3\. Orto dei filio
virgine de pura,
ut rosa de lilio,
stupescit natura;
quem parit iuvencula
natum ante secula
creatorem rerum;
quod uber mundicie
lac dat puericie
antiquo dierum.

Der Tag ist so freudenreich
in königlichem Aufgang,
denn hervor ging heute
aus der Jungfrau Schoß
ein wundersamer Knabe,
von lieblichem Aussehen
in seiner Menschengestalt,
[aber] unschätzbar
und unaussprechlich
in seiner Gottheit.

Diese Mutter ist die Tochter,
jener Vater ist der Sohn;
wer hat je so Großes gehört, dass
Gott als Mensch geboren wurde;
Knecht ist er und Herrscher,
der überall nahe, aber
nirgends greifbar zu erfassen ist,
gegenwärtig ist er und [auch] fern,
jener sich wundernde Schoß weiß
Ihn nicht einzuschließen.

Als Gottes Sohn geboren ward
von einer reinen Jungfrau,
wie eine Rose an einem Lilienreis,
da geriet die Natur in Staunen;
den das Mädchen gebar,
der ist geboren vor aller Zeit,
der Schöpfer aller Dinge;
diese reine Brust
gab die dem Kind bestimmte Milch
dem Alten der Tage.

4. Angelus pastoribus,
iuxta suum gregem
nocte vigilatibus,
natum celi regem
nunciat cum gaudio,
iacentem in precepio
infantem pannosum,
angelorum dominus
et prefatus hominis
forma speciosa.

5. Orbis dum decribitur
virgo pregnans ibat
Bethlehem, quo nascitur
deus, qui nos scribat
in illorum curia,
qui canentes gloriam
vere dignitate;
deus in sublimibus
det pacem hominibus
bone voluntatis.

6. In obscuro nascitur
illustrator solis,
stabulo reponitur
princeps terre molis.
Fassiatur dextera
qui affixit sidera,
dum de celis descendit;
concrepat vagitibus
qui tonat in nubibus,

dum celos ascendit

Ein Engel verkündet den Hirten
bei ihrer Herde,
die sie nächtlich bewachen,
die Geburt des Himmelskönigs.
Er verkündet mit Freude,
dass dieser in einer Krippe liegt
als armseliges Kind,
[Er,] der Herr der Engel
und angekündigt als Mensch
in ansehnlicher Gestalt.

Als die Welt aufgeschrieben wurde
ging die Jungfrau schwanger
nach Bethlehem, wo geboren ward
Gott, der uns einschreiben möge
in das Reich jener,
die da singen: Gloria - Ehre -
auf wahrhaft würdige Weise;
Gott in der Höhe
schenke Friede den Menschen
die guten Willens sind.

Im Dunkel wird er geboren,
das Licht für die Sonne;
im Stall wird er abgelegt,
der Fürst über den Erdkreis.
Er entäußert sich, der mit seiner
Rechten die Sterne befestigt hat,
da er vom Himmel herabsteigt;
weinend liegt Er da als Kind,
dessen Stimme in den Wolken
    donnert,
da er zum Himmel emporsteigt.

Resurrexit Dominus, Blatt 7b

Resurrexit dominus

Re-sur-re-xit do-mi-nus, qui pro no-bis om-ni-bus pas-sus fu-it se-ro-ti-nus. We schul-len al-le vro-lik sin to dus-ser o-ster-li-ken tyd, dar un-se trost un-de heyl an-lyd. Al-le-lu-ja, al-le-lu-ja, al-le-lu-ja, al-le-lu-ia, ghe-lo-vet si-stu, Ma-ri-a.

7. Resurrexit dominus

1. Resurrexit dominus,
qui pro nobis omnibus
passus fuit serotinus.
We schullen alle vrolik sin
to dusser osterliken tyd,
dar unse trost unde heyl anlyd.
Alleluia, alleluia, a e u a,
   alleluia,
ghelovet sistu, Maria.

2. Adam, Evam eripuit
et alios, quos voluit,
suisque jam apparuit.
We etc.

3. Descendit ut leo stans

ad infernum vociferans,

celestem portam reserans

4. Ascendit cum gaudio,
cantant sancti Jesu Christo,

celum plaudit tripudio.

5. Et nos et vos cum iubilo
in hoc paschali gaudio;
benedicamus domino.
We schullen alle vrolik sin ...
etc.

Auferstanden ist der Herr,
der für uns alle
eine lange Zeit gelitten hat.
Wir sollen alle fröhlich sein
in dieser österlichen Zeit,
da uns Trost und Heil zuteil wird.
Alleluja, alleluja, alleluja,
   alleluja,
gelobt seist du, Maria.

Adam und Eva hat er erlöst
und die anderen, wie er es wollte,
alsbald erschien er den Seinen.
Wir ... usw

Er stieg hinab standhaft wie ein
   Löwe,
erhob seine Stimme gegen die
   Unterwelt
und entriegelte das Himmelstor.

Er stieg auf mit Freude,
die Heiligen singen Jesus Christus
   zu,
der Himmel spendet Beifall im
   Siegestanz.

Und wir und ihr mit Jubelschall
in dieser österlichen Freude;
lasset uns preisen den Herrn.
Wir sollen alle fröhlich sein ...
usw

Eine Bemerkung der Schreiberin

Orate pro scriptore
cum uno „Ave Maria"
propter deum.

Bittet für die Schreiberin
mit einem „Ave Maria" [und betet]
daneben [auch zu] Gott.

8. Ut petra non læditur – Felix est puerpera
Zwei Lobsprüche auf die Jungfräulichkeit Mariens

Ut petra non leditur
sole penetrante
sic illesa creditur
virgo post et ante.

Wie der Stein nicht verletzt wird
wenn die Sonne hindurchscheint,
so unversehrt erscheint die Jung-
frau nach und vor (der Geburt).

Felix est puerpera,
cuius clausa viscera
deum genuerat,
et beata ubera,
que etate tenera
Christum lactaverunt.

Glücklich ist die Mutter,
deren verschlossener Schoß
Gott geboren hat,
und glücklich die Brüste,
die in zartem Alter
Christus genährt haben.

Tempus adest gracie

Tem-pus ad-est gra-ci-e hoc quod op-ta-ba-mus, car-mi-na le-ti-ci-e le-ti re-so-na-mus.

Gau-de-te, gau-de-te, Chri-stus re-sur-re-xit. Gau-de-te, gau-de-te, pra-vos con-ve-xit.

Deus pater filium misit in hunc mundum nobis in auxilium lapsis in profundum.
Gaudete, gaudete ... etc

Desperatis hodie dextera porrexit et in locum graciae surgens nos revexit. Gaudete ... etc

Serpentis callidiatas, quae nos spoliavit, plena Christi pietas no - bis re - stau - ra - vit. Gau - de - te ... etc

Ob - mit - ta - mus am - pli - us me - stum com-

mu - te - mur re - pe - ta - mus

se - pi - us fe - tum e-

pu - fe - mur. Gau - de - te ... etc

Er - go no - stra con - ci - o

psal - lat cum tri - pu - dio

in hoc pas - cha - li ti - tu - lo

be - ne - di - cat do - mi - no. Gau - de - te ... etc

9. Tempus adest gratiæ

1. Tempus adest gracie
hoc quod optabamus,
carmina leticie
leti resonamus.
Gaudete, gaudete,
Christus resurrexit.
Gaudete, gaudete,
pravos convexit.

2. Deus pater filium
misit in hunc mundum
nobis in auxilium
lapsis in profundum.
Gaudete, gaudete – etc

3. Desperatis hodie
dextera porrexit
et in locum gracie
surgens nos revexit.
Gaudete – etc

4. Serpentis calliditas,
quæ nos spoliavit
plena Christi pietas
nobis restauravit.
Gaudete – etc

5. Obmittamus amplius
mestum commutemur,
repetamus sepius
letum epulemur.
Gaudete – etc

6. Ergo nostra concio
psallat cum tripudio
in hoc paschali titulo,
benedicat domino.
Gaudete – etc

Die Gnadenzeit ist da,
die wir herbeigesehnt haben.
Lieder der Freude
stimmen froh wir an.
Freuet euch, freuet euch,
Christus ist erstanden.
Freuet euch, freuet euch,
die Verirrten hat er zusammen-
  geführt.

Gott, der Vater, sandte seinen
Sohn in diese Welt
zur Hilfe für uns, die wir durch
unsere Sünden im Dunkel lebten.
Freuet euch, freuet euch ... usw

Den Hoffnungslosen hat er heute
seine Rechte gereicht
und an den Ort der Gnade
auferstehend uns zurückgeführt.
Freuet euch ... usw

Die Verschlagenheit der Schlange
führte uns ins Verderben.
Das reiche Erbarmen Christi aber
hat uns wiederhergestellt.
Freuet euch ... usw

Laßt uns fürderhin ablassen von
der Trauer und sie umwandeln,
wiederholen wir es immer wieder
und feiern ein fröhliches Mahl.
Freuet euch ... usw

Darum singe unsere Schar
mit Siegestanz
aus diesem österlichen Grund,
sie preise den Herrn.
Freuet euch ... usw

10. Hæc dies

1. Hec dies,
in qua quies
mundo redditur,
tempus enim est,
nam resurrexit,
qui nos dilexit.
Gaude, plaude,
ama, clama
voce valida,
Surge, curre,
quere vere
Christum illum
corde sorde
procul posita.
Homo fortem
pomo mortem
propinaverat,
quam terminat
deus et homo
triumpho nobili.
Idem pridem
agnus, magnus
nunc rex glorie,
resurgere
vult nos a crimine,
ut renati
simus grati,
quasi modo geniti.

2. Orate, iubilate
et cantate,
tempus prope est,
ut audiatis
vocem iocunditatis;
cum misericordia

Dies ist der Tag,
an dem der Friede
der Welt wiedergegeben wurde,
die Zeit ist da,
denn er ist auferstanden,
der uns geliebt hat.
Freue dich, klatsche in die Hände,
liebe, rufe
mit kräftiger Stimme,
Stehe auf, eile,
suche wahrhaft
jenen Christus
im Herzen, nachdem der Schmutz
weit entfernt ist.
Der Mensch hatte den starken
von einer Frucht verursachten Tod
gekostet,
ihn beendet der,
der Gott und Mensch zugleich ist,
in glänzendem Triumph.
Derselbe, vorher
das Lamm, nun aber der große
König der Herrlichkeit,
will, dass wir auferstehen
aus der Sünde,
dass wir wiedergeboren
werden sollen aus Gnade,
wie neugeborene Kinder.

Betet, jubelt
und singt,
die Zeit ist nahe,
dass ihr hört
den Freudenruf;
mit dem Erbarmen

stat concordia	steht die Eintracht,
que est causa iubili	die Grund gibt zum Jubeln
dulcis quoque cantici,	und auch zum lieblichen Gesang,
mestis reddita.	den Traurigen zurückgegeben.
Nox precessit	Die Nacht ist vorgeschritten
et successit	und statt ihrer folgt
vice claritas,	die Herrlichkeit,
o caritas	o Liebe
ineffabilis!	unaussprechlich!
Multum amabilis,	Sehr liebenswert,
omni hora	zu jeder Stunde
absque mora,	und ohne Zögern,
diligencius,	eifriger,
frequencius	häufiger
et excellencius,	und umfassender
quam quis petivit,	als überhaupt jemand es erbat,
exaudivit	hat er gehört
in rogatoribus.	auf die Bittenden.
3. Dudum celos	Während er sogleich zum Himmel
scandit Christus	aufsteigt, breitet Christus
pandit abdita,	das Verborgene aus,
vox audita est:	die Stimme ertönt:
amici dei,	Ihr Freunde Gottes,
viri galilei	ihr Männer von Galiäa,
in celum	was schaut ihr zum
quid aspicitis?	Himmel empor?
Ex quo creditis?	Woraus glaubt ihr?
Ut euntem	Wie den Gehenden, so werdet ihr
redeuntem	den Wiederkommenden
pari forma	in derselben Gestalt
iuxta norma	und in gleicher Art
sic videbitis:	wiedersehen:
Ihesum Iesum	Jesus, den Gekreuzigten
dire cesum	und hart Getöteten
propter fragiles,	wegen der Gebrechlichen,
ut agiles	dass er diese lebendig
ipsos faceret	mache dadurch, dass

sie substratu sibimet. Aggregavit et cibavit cibo regio egregio nunc privilegio. Fides crevit dum replevit orbem Spiritus domini.	sich ihm selbst unterwerfen. Er hat sie um sich geschart und gespeist mit königlicher Speise in nunmehr herausragendem Vorrecht. Der Glaube wuchs als den Erdkreis erfüllte der Geist des Herrn.

Ein scherzhafter Eintrag

Hic nichil deficit nisi pulcra puella etc	Hier fehlt nichts als ein schönes Mädchen usw
eyn clapstert, de is des geldes wolle wert.	Ein Klopfschwanz, der ist sein Geld wohl wert.

Buchstabenrätsel

D cedit sub tecto, venit S, sagitat P, PF intrat domum, ponit H cum G, trahit F secum ad P.	D verschwindet unter der Decke, es kommt ein S, erschießt das P, PF betritt das Haus, setzt ein H mit G, zieht ein F mit sich zum P.

Noch ein rätselhafter Spruch

Dudum transivit Maria et hebes clamare Maria. Per mundi Mariam dominus natus, o virgo Maria.	Soeben ging Maria vorbei und du bist zu schwach zu rufen „Maria". Durch Maria ist der Herr der Welt geboren, o Jungfrau Maria.

11. Audiat vestra caritas

1. Audiat vestra karitas:
deus unus trinitas
inito concilio,
proliberando perdito,
proliberando perdito,
sic ait pater filio:

Neiget in Liebe euer Ohr:
Gott, der Eine, Dreifaltige
fasste den Ratschluss,
den Verdammten zu befreien,
den Verdammten zu befreien,
so sprach der Vater zum Sohne:

2. Levamen possit pater Adam
et patriarcha Abraham,
rogant ut salvos faciam

secretum ut sis cunctis clam,
secretum ut sis cunctis clam,
quem vis, fili, mittam?

Erlösung erflehen Vater Adam
und der Patriarch Abraham,
sie bitten, dass ich Heil wirken
   soll,
|: so dass es allen geheim und
verborgen sei :|,
wen willst du, Sohn, daß ich
   schicke?

3. Ergo, pater inclite,
ecce, ego, mitte me,
legi subdi non dubito,

crucifigi desidero,
crucifigi desidero,
ut salvetur homo.

Also, erhabener Vater,
siehe, ich (bin da), sende mich,
dem Gesetz mich zu unterwerfen,
   zögere ich nicht,
gekreuzigt zu werden, ersehne ich,
gekreuzigt zu werden, ersehne ich,
damit der Mensch erlöst werde.

4. Resurgam die tertia

mea propria potencia,
ut jocundentur omnia
mea dulci presencia,
mea dulci presencia
in eterna patria.

Ich werde auferstehen am dritten
   Tage
aus meiner eigenen Kraft,
dass alle Welt sich freue
an meiner milden Gegenwart,
an meiner milden Gegenwart
in der ewigen Heimat.

5. Devinium eligitur
quod Mariæ dicitur,
in quo thesaurus clauditur
qui a patre gignitur,
qui a patre ghignitur
ibique incarnatur.

Ein Gottesspruch wird gewählt,
der Maria verkündet wird,
in dem der Schatz verborgen ist,
der vom Vater gezeugt wird,
der vom Vater gezeugt wird
und dort (in Maria) Fleisch annimt.

6. In mundo infans nascitur,
per quem celum regitur;
vilibus pannis involvitur,

materna lacte pascitur,
materna lacte pascitur,
presepio reclinatur.

In der Welt wird ein Kind geboren,
durch das der Himmel regiert wird;
in ärmliche Windeln wird es
    gewickelt,
mit Muttermilch wird es gestillt,
mit Muttermilch wird es gestillt,
in eine Krippe wird es gelegt.

7. Cetus currunt angelici,
visere cunas pueri,
ut edito infantulo
fletus compescant jubilo,
fletus compescant jubilo;
gloriam canunt deo.

Die Engelscharen laufen herbei,
zu sehen die Wiege des Knaben,
um nach der Geburt des Kindes
|: das Weinen in Jubel zu
verwandeln; :|
sie singen: Ehre sei Gott.

12. Geistliche Minne

1. God de bat eyn zelelin,
dat se syn frundeken were,
se sprak, se wolde dat gerne sin,
wuste ik, wat du my gevest!

Gott, der bat ein Seelchen,
es möge seine Freundin sein,
sie sprach, sie wolle das gerne sein:
Wüsste ich, was du mir bietest!

2. Ik wil dik geven de firmament,
planeten unde sterne
alle dat up erden is,
dat mak dik den je werden.

Ich will dir geben das Firmament,
Planeten und Sterne,
alles, was auf Erden ist,
das mag dein dann werden.

3. Wat scolde mik, here, dyn verblekende golt
van menger hande belde
ik wil dik, here, sulvest han
nach al meynem willen.

Was sollte mir, Herr, dein verblendendes Gold
von starker Hand gebildet?
Ich will dich, Herr, selbst haben
gemäß all meinem Trachten.

4. Ik wil dik geven de patriarchen kor,
proffeten algemeyne.
Se sprak: Here, ik enwil er nicht,
ik wil dik alleyne

Ich will dir geben der Patriarchen Chor,
und alle Propheten.
Sie sprach: Herr, ich will ihrer nicht,
ich will dich allein.

5. Ik wil dik geven der apostelen kor
mit mannigen merteleren
Se sprak: Here, ik enwil er nicht,
ik wil dik sulvest alleyne

„Ich will dir geben der Apostel Chor
mit der großen Zahl der Martyrer.
Sie sprach: Herr, ich will ihrer nicht,
ich will allein Dich selbst.

6. Ik wil dik geven de moder myn
mit mennigen schonen juncfrowen. –
Wan ik dik hebbe, so sint se alle myn;
we mach mik denne drowen?

7. Zele, du bist grundelos,
we mach dik vornogen?
Voyr mik, here, in dynes vaders schot,
mak mik so gevoge.

8. Voyr iik dik in mynes Vaders schot,
wat mach dik dat je helpen?
syn leve de is al so grot,
du mochtest darinne vorsmelten.

9. Vorsmulte ik, here, an der leve dyn,
so nympt de krich en ende;
vore mik, here, in dynes vaders rike,
da wil ik leven an ende.

Amen.

Ich will dir geben die Mutter mein
mit manchen schönen Jungfrauen. –
Wenn ich dich habe, dann sind sie alle mein:
wer kann mich dann noch verlocken?

Seele, du bist unersättlich,
wer kann dich zufrieden stellen?
Führ mich, Herr, in Deines Vaters Schoß,
mach mich auf diese Weise gefügig.

Führe ich dich in meines Vaters Schoß,
was kann dir das wohl nützen?
Seine Liebe, die ist ja so groß,
du könntest in ihr zerschmelzen.

Zerschmölze ich, Herr, an der Liebe Dein,
dann nimmt der Kampf ein Ende;
führe mich, Herr, in Deines Vaters Reich,
dort werde ich leben ohn' Ende.

Amen.

13. Zachæus

1. Zacheus arboris ascendit stipidem,
ut Jhesum cerneret, celorum hospitem.

2. Jhesus dum transiens sursum inspiceret,
Zacheo imperavit, ut descenderet.

3. Zacheus Christum suscepit hospicio,
et charitatis pertractat officio.

4. Illique pandens cordis habitaculum,
sique quem defraudi, reddo quadruplum.

5. Dimidium bonorum do pauperibus;
placatur deus talibus muneribus.

6. Et nos de tali vonvivio benedicamus dominorum domino.

7. Ut letantes cum Zacheo, deo dicamus [gracias] domino.

Zachäus stieg auf den Stamm eines Baumes,
um Jesus zu sehen, den himmlischen Gast.

Als Jesus vorüberging und empor blickte,
befahl er dem Zachäus, herabzusteigen.

Zachäus nahm Christus als Gast auf
und bewirtete ihn mit dem Dienst der Liebe.

Und jener, öffnend die Wohnung seines Herzens, [sagte:]
Und wenn ich jemanden betrogen habe, erstatte ich es vierfach.

Die Hälfte meiner Güter gebe ich den Armen;
da wurde Gott versöhnt von solchen Gaben.

Auch wir bei diesem Gastmahl wollen preisen den Herrn der Herren.

Lasst uns froh sein mit Zachäus und [Dank] sagen Gott dem Herren.

14. In dulci jubilo

1. Dulcis jubilus!
synget, weset vro!
al mynes herten wunne
lyt in presepio,
de luchtet so de sunne
in matris gremio:
ergo [merito!
des sulle alle herten
sweven in gaudio].

O süßer Jubel!
singet, seid froh!
All meines Herzens Wonne
liegt in der Krippe,
sie leuchtet wie die Sonne
im Schoß der Mutter:
Also [erlange ich Freude!
Des sollen alle Herzen
schweben in Freude].

2. O Jhesu parvule,
na dy is my so we.
troste myn gemote,
tu puer optime,
dat do dorch dyne gode,
tu puer inclite.
trahe me post te
an dynes vaderes rike,
tu princeps glorie.

O kleines Jesulein,
nach Dir ist mir so weh.
Tröst mir mein Gemüte,
du bester Knabe,
das tue durch deinen Güte,
du hochgerühmter Knabe.
Ziehe mich zu dir
zu deines Vaters Reich,
du Fürste der Herrlichkeit.

3. Dar vynt me gaudia
mer wan anderswar,
dar de engel syngen
nova cantica,
dat ere stemme klynghen
in regis curia
eya qualia, eya qualia!
by eynem oghenblicke
kome wy alle dar;
eya qualia!

Da findet man Freude
mehr als anderswo,
wo die Engel singen
neue Lieder,
dass ihre Stimmen klingen
am Hofe des Königs
ei, was für Stimmen!
In einem Augenblick
kommen wir alle dahin;
ei, was für Stimmen!

4. Maria, nostra spes,
juncfrouwe, help uns des,
dat wy salich werden
als dyn progenies.
Vorgiff uns unse sunde
mer wen septies.
vitam nobis des,
dat uns to dele werde
eterna requies.
vitam nobis,
vitam nobis des.

Amen.

Maria, unsere Hoffnung,
Jungfrau, hilf uns dazu,
dass wir selig werden
als deine Nachkommen.
Vergib uns unsere Sünde
mehr als siebenmal.
Schenke uns das Leben,
dass uns zuteil werde
die ewige Ruhe.
Leben uns
Leben uns gewähre.

Amen

Der auferstandene Christus, um 1290

Non sum ovis perdita

Non sum o - vis per - di - ta,

den de wyn - ter dwin - get,

sed sum a - vis in - cli - ta,

de na vrou - den rin - get:

Prop - ter quen - dam iu - ve - nem ...

15. Non sum ovis perdita

1. Non sum ovis perdita
den de wynter dwinget,
sed sum avis inclita
de na vrouden ringet:

2. Propter quendam iuvenem,
van dem ik wylle syngen
optumum, quam potero,
ifft myk dat mach ghelinghen.

3. Ipse erat unicus
des vaders in der hoghe
factus primogenitus
de moder an der erde.

4. Recreavit angelos
na synes sulves like,
factus cibus hominum
nach aller mynschen wyse

5. Degens inter homines
an dussem erdeschen dale
qui tamquam deus claruit
na syner wunder tale.

6. Tradi se permisit
van synen eghen knechten,
qui venit salvare perditos

na gnaden unde nicht na
  rechte.

7. In cruce suspenditur
an eynes schekers lyke
neque os aparuit
na eynes lammes wyse.

8. Multa proba sustinens
van synem eghen slechte

Ich bin kein verlorenes Schaf,
das dem Winter ausgesetzt ist,
sondern ein geborgenes Vögelein,
das nach Freuden strebt:

Wegen eines jungen [Helden],
von dem ich singen will
so gut ich nur kann,
wenn mir das gelingen mag.

Er war der einzige [Sohn]
des Vaters in der Höhe
und wurde der Erstgeborene
der Mutter hier auf Erden.

Er erquickte die Engel
gemäß seiner eigenen Art,
er wurde Speise für die Menschen
gemäß menschlicher Natur.

Er weilte unter Menschen
in diesem Erdentale,
der vordem als Gott erstrahlte
nach der Zahl Seiner Wunder.

Er ließ zu, ausgeliefert zu werden
von seinen eigenen Knechten,
als Er kam, die Verlorenen zu
  heilen
nach Gnade und nicht nach
  Recht.

Er hing am Kreuz,
ohne einem Schächer zu gleichen
und tat Seinen Mund nicht auf
nach Art eines Lammes.

Viele Unbill ertragend
von Seinesgleichen

exemplum nobis reliquid to vergeven unserm knechte.	hinterließ er uns ein Beispiel, unserm Mitknecht zu vergeben.
9. Jhesus, den de ridder stack lancea doloris, ha hadde groter mynnen krafft, o vinculum (?) amoris.	Jesus, den der Kriegsknecht stach mit der Schmerzenslanze, er hatte großer Liebe Kraft, o, welch Band der Liebe!
10. Labia tenellula de don myk dicke sorge, in cruce siti arida den avent unde ok den morghen.	Die zarten Lippen, die tun mir großes Leid, wie sie am Kreuz hingewelkt sind am Abend und auch am Morgen.
11. Syn pyn is groter wan myn habens plus ardoris, reyne konnigh optime, incendium amoris.	Sein Schmerz ist größer als der meine, stärker noch an Glut, reiner und bester König, Entzünder der Liebe.
12. Requievit tumulo na eynes doden sede, qui creavit omnia an hemmel unde ok an erde.	Er fand Ruhe im Grabe nach Art eines Toten, er, der alles geschaffen hat im Himmel und auch auf Erden.
13. Resurrexit tumulo to unser aller troste, atque destruxit inferos mit orem argen solde.	Er ist erstanden aus dem Grab zu unser aller Trost und hat die Hölle vernichtet mit ihrem argen Lohn.
14. Ascendit celum in eynes arnes wyse superna solis radio, dar riket he ewichliken.	Aufstieg Er zum Himmel gleich einem Adler höher als die Strahlen der Sonne; dort herrscht Er auf ewig.
15. Ut nos illuc perducat, des bydde we algemeyne, ubi regnat perpetuo myt syner moder reyne.	Daß Er uns dorthin führe, das laßt uns alle erbitten, wo Er ewig herrscht mit Seiner reinen Mutter.
Amen.	Amen.
Item aliud.	Gleichfalls ein anderes.

16. Christi Empfängnis und Geburt

1. Dat was eyn eddel juncfrowe fyn
palam in deitate,

   Maria wolde or name syn
magna dignitate.

2. Her Gabriel de sochte se
et eam salutavit
he sprak: De here is myt dy,
qui te ordinavit.

3. Maria sprak: wo mach dat schen,
cum virum non agnosco?
ik enkan des jo nicht ghen,

   my turbare non posco.

4. De enghel sprak: Nu hore my
et nichil formidabis,
de hilge geyst de kumpt an dy,
altissimo putato.

5. Wette, dat de medder dyn,
Elizabet dilecta
de schal beren eyn kindelyn
in sterili senecta.

Es war eine edle Jungfrau fein
offenkundig in ihrer göttlichen Erwählung,
Maria mochte ihr Name sein
in ihrer großen Würde.

Herr Gabriel suchte sie auf
und begrüßte sie,
er sprach: Der Herr ist mit dir,
der dich erwählt hat.

Maria sprach: Wie mag das geschehen,
da ich keinen Mann erkenne?
Ich kann darüber doch nichts sagen,
ich flehe dich an, mich nicht zu verwirren.

Der Engel sprach: Nun höre mich
an und fürchte nichts,
der Heil'ge Geist kommt über dich
nach höchstem Ratschluss.

Wisse, dass die Muhme dein,
Elisabeth, erwählt ist,
dass sie ein Kindlein gebären soll,
trotz der Unfruchtbarkeit ihres Alters.

6. Do Maria des kyndes genas
in stabulo noctavit,
do vroude sik alle, dat dar was,
et laudes decantavit.

Als Maria des Kindes genas,
da sie im Stall nächtigte,
da freute sich alles, was da war,
und stimmte Lobgesänge an.

7. De krubbeke was syn wegelyn,
quam mater sibi dedit,

dat houweken was syn
    beddekyn
wuam b[os] et a[sinus] comedit.

Die Krippe war Sein Wiegelein,
die die Mutter sich [für Ihn]
    bereitete,
das Heu war Sein
    Bettchen,
das [sonst] Ochs und Esel fraßen.

8. Ne wege, wege dat kindelyn,
et plane iubilemus;
– dat plassede jo myt den
    hendeken
et fortiter cantemus.

Nun wiege, wiege das Kindelein,
und lasst uns von Herzen jubeln;
– Es patscht ja mit Seinen
    Händchen –
und lasst uns kräftig singen.

Guden rat hebbe ik vornomen, Blatt 15a

Guden rat hebbe ik vornomen

Gu - den rat heb - be ik vor - no - men

van den ol - den wy - sen:

des hil - gen gey - stes we - ren se wis,

dat heb - ben se wol be - wi - set, wi - set.

De dus - sem ra - de wol - gen wel, de mach ...

17. Biblische Weisheitslehren

1. Guden rat hebbe ik vornomen
van den olden wysen:
des hilgen geystes were se wis,
dat hebben se wol bewiset,
wiset.

Guten Rat habe ich vernommen
von den ehrwürdigen Vätern:
Vom Hl. Geiste stammte ihr Wissen,
das haben sie wohl bewiesen.

2. De dussem rade wolgen wel,
de mach wol gelinghen;
dat ewighe levent wert he wis,
des mach he vrolick singhen,
singhen.

Wer diesem Rat folgen will,
des [Leben] muß wohl gelingen;
des ewigen Lebens ist er gewiss,
drob mag er fröhlich singen.

3. Danck unde loff sy gode sacht
in synem oversten trone,
de vor eyn kleyne lydent gyfft
de ewighen crone, crone

Dank und Lob sei Gott gesagt
auf Seinem höchsten Throne,
der für eine kurze Leiden[szeit] gibt
die ewige Krone.

4. Koningh Davit de singhet also
in synem sesundruttighesten sette:
lat dat bose unde dot dat gude,
so hefstu wolgevechtet, vechtet.

König David, der singt so
in seinem sechunddreißigsten Psalm [Satz]:
lass das Böse und tue das Gute,
so hast du guten Kampf getan.

5. He synghet vordan, de konningh her,
de sote citarista:
we dat ewighe levent hebben wil,
relinquat vana ista, ista.

Er singt weiter, der here König,
der süße Harfenspieler:
wer das ewige Leben erreichen will,
der verlässt jene Eitelkeit.

6. De wise konnigh Salomon
de hefft alsus gesungen:
al dyngh syn vul ydellicheit,
da da syn under der sunnen,
   sunnen.

7. De de syn herte darup gifft,
de deyt sik wissen schaden,
wen he ment, he hebbe se wis,
so mot he se laten varen, varen.

8. Hir so denck en islick an
unde kere to gode myt flite
dat si spate edder vro
des mach ome nemant wyten,
   witen.

9. De grote doctor gencium
de hefft uns dat gheraden:
we in sunden entslapen si,
dat he enwake vel draden,
   draden.

   item aliud.

Der weise König Salomon
der hat so gesungen:
Alle Dinge sind voller Eitelkeit,
die es da gibt unter der Sonne.

Wer sein Herz daran gibt,
der fügt sich gewiss Schaden zu,
wenn er meint, er habe sie sicher,
so muss er sie fahren lassen.

Hieran denke ein jeglicher
und wende sich Gott zu mit Fleiß;
dass sich früher oder später
niemand solches zum Vorwurf
   machen kann.

Der große Lehrer der Völker
der hat uns das geraten:
wer in Sündenschlaf gefallen sei,
der soll alsbald erwachen.

   gleichfalls ein anderes.

18. Der Esel in der Schule

1. Asellus in de mola
nam orloff van synem heren;
præsumpserat in schola,
he wolde syn lexie leren,
præsumpserat in schola:

Eselein in der Mühle
nahm Urlaub von seinem Herrn;
es stellte sich vor in der Schule,
wollte seine Lektion lernen,
so stellte es sich vor in der Schule:

2. Magister, bona dies,
de ezel sprak met leve,

pax inter vos et quies,
ik lerde gerne breve
pax inter vos ... ,
ik lerde gerne ...

Meister, guten Tag,
so sprach der Esel mit
    Zuneigung,
Friede euch und angenehme Ruhe,
ich würde gerne ein wenig lernen;
Friede euch ... ,
ich würde gerne lernen ...

3. Kum, kum, esele stum,
kum, kum, esel stum,
sprick latin, du byst nich dum;

vis saccos oblivissi;
sprick ...

Komm, komm, Eslein stumm,
komm, komm, Esel stumm,
sprich Latein, dann bist du nicht
    dumm;
du willst deine Säcke vergessen;
sprich ...

4. Ach, ach, gut ghemach,
ach, ach, gut gemach,
wol ik wunschen al den dach,

si possem adipisci.
wolde ik ...

Ach, ach, immer schön langsam,
ach, ach, immer schön langsam,
ich wollte wohl wünschen den
    ganzen Tag lang, wenn
ich es kann, das zu erreichen
ich wollte wohl ...

5. Si scirem alphabetum,
van stunt wolde ik studeren,
ius, leges et decretum,

darna mochte ik pladderen;
ius, leges ...

Wenn ich das Alphabet könnte,
von Stund an wollte ich studieren,
Recht, Gesetze und die
    Verordnung,
dafür möchte ich plädieren;
Recht, Gesetze ...

6. Pro magna prebenda
ik to kore singhe.
dum clamo, vox est i a;

de sack schal myk nich
   wringhen;
dum clamo ...

Für eine große Vorstellung
würde ich im Chore singen.
Wenn ich singe, klingt meine
   Stimme „i-a";
der Sack wird mich nicht davon
   abhalten;
wenn ich singe ...

7. Lere sere
ezel, sere
du werst noch wol en groter
   here.
mox potest doctrinari;
du werst ...

Lerne stark,
Esel, sehr stark,
du wirst wohl noch ein großer
   Herr,
kannst bald selbst unterrichten;
du wirst ...

8. Singhe, singhe,
ezel, clingh, singh,
dat wart noch gut umme alle
   dingh,
si vis presbiterari,
dat wart noch ...

Singe, singe,
Esel, klinge, singe,
das wird noch alles gut werden,

wenn du Priester werden willst.
Das wird noch ...

9. Si essem tam beatus,
dat ik en prester worde,
hic esset deo gratus,
de myne [misse] horde;
hic esset ...

Wenn es mir glücken könnte,
daß ich ein Priester würde,
dann wäre jener Gott dankbar,
der meiner Messe beiwohnte.
dann wäre jener ...

10. Deinde predicarem,
grot afflat wolde ik geven;
ut saccos non portarem,

so wolde ik sachte levent.

Alsdann würde ich predigen,
großen Ablass würde ich gewären;
wenn ich keine Säcke mehr
   schleppen müßte,
dann könnte ich ein gemütliches
   Leben führen.

11. Do du dem alzo, ga to kore,
singhe hoghe,
nam vox est tibi bona.
I a, i a, dat ik ga,
I a, i a, dat ik ga,
wen ik over missen sta,
portantur mihi dona.

So tue das also, geh zum Chor,
singe hell,
denn du hast eine gute Stimme.
I-a, i-a, das mache ich,
I-a, i-a, das mache ich,
wenn ich der Messe vorstehe,
werden mir Geschenke gebracht.

12. Hic missam dum cantavit,
do quam de ezeldriver,
hunc fuste verberavit:
Wur wordestu nu en scriver?

Hunc fuste ...

Als er nun die Messe sang,
da kam der Eseltreiber,
der prügelte ihn mit dem Knüppel:
Was wurdest du nur für ein
    Schreihals?
der prügelte ihn ...

13. Cur decipis sic plebes?

wol her, lop in de molen!
saccos portare debes,
beyde, scleppen unde solen;
saccos portare ...

Warum täuscht du auf diese Weise
    die Leute?
Wohlan, lauf zur Mühle!
Säcke zu tragen ist deine Pflicht,
beides, schleppen und arbeiten;
Säcke tragen ...

14. Ach, ach, hedde ik doch
Ach, ach, hedde ik doch
secke draghen wente noch
tunc esset mihi suave;
secke draghen ...

Ach, ach, hätte ich doch
Ach, ach, hätte ich doch
Säcke getragen bis jetzt,
dann wäre es mir leicht geworden;
Säcke tragen ...

15. Vorwar, vorwar,
wert id em swar
de, de schal up synen olden jar
pondus portare grave;
de de schal ...

Fürwahr, fürwahr,
das wird dem schwer werden,
der da noch auf seine alten Jahre
schwere Last tragen soll;
der da noch ...

Heff up dyn cruce

Heff up dyn cru - ce, myn al - der-
le - ve - ste brut, unde wol - ghe my
na unde ga dy sul - vest ut;
wen - te ik dat vor dy ge - dra - gen heb - be,
hes - tu my seff, so vol - ge my.
O Jhe - sus, myn al - der ...

19. Nachfolge Christi

[Dominus:]
1. Heff up dyn cruce,
myn alderleveste brut,
unde volghe my na,
unde ga dy sulvest ut;
wente ik dat vor dy gedragen
 hebbe,
hestu my leff, so volge my.

[Anima:]
2. O Jhesus, myn alderleveste
 here
ik byn noch junck unde alto
 dore,
ik hebbe dy leff, dat is jummer
 war,
men dyn cruce is my alto swar.

Dominus:
3. Ik was ok junck, do ik dat
 droch,
klaghe nicht, du bist old enoch;
wener du bist olt und kolt,
so enhestu des cruces neyne
 gewolt.

Anima:
4. We mach lyden dut
 gedwangh?
der dage is vel, dat jar is langh;

ik byn des cruces ungewonen,
o schone myn, alderleveste,
 schon!

[Der Herr:]
Heb' auf dein Kreuz,
meine allerliebste Braut,
und folge mir nach,
und gehe selbst daran;
denn Ich habe es vor dir getragen,

hast du Mich lieb, so folge mir.

[Die Seele:]
O Jesus, Mein allerliebster
 Herr,
ich bin noch jung und allzu
 schwach;
ich habe Dich lieb, das ist wohl
 wahr,
aber Dein Kreuz ist mir allzu
schwer.

Der Herr:
Ich war auch jung, da ich es trug,

klage nicht, du bist alt genug;
wenn du erst alt bist und kalt
dann hast du über das Kreuz
 keine Gewalt.

Die Seele:
Wer mag diese Bedrängnis
 ertragen?
Der Tage sind viel, das Jahr ist
 lang;
ich bin des Kreuzes ungewohnt,
o verschone mich, Allerliebster,
 verschone!

Dominus:
5. Wo bistu aldus sere vorlegen?
du must noch striden alse eyn degen;
se, ik wil castigen dyn jungen liff,
du werst my anders alto stiff.

Anima:
6. O here, wat du wult, dat mot wesen,
des cruces mach ik nicht genesen;
mot dat syn unde schal ik dat dragen,
so mot ik kranken unde vorsageen.

Dominus:
7. Wultu in den roßen baden,
so mostu erst in den doren waden;
su an dyn cruce unde dat myn,
wu ungelick swar dat se syn.

Anima:
8. Men list doch in der hilgen scrifft:
dyn jock si sote, dyn borden lichte;
wo bistu my so rechte hart,
myn alderleveste brodegam zart?

Dominus:
9. Ungewonheyt beswaret den mot;
lyd unde swich, id wert noch wol gut;
myn cruce is eyn kostlik punt,
wen ik dat gan, de is myn frunt.

Der Herr:
Warum bist du doch so träge?
Du solltest noch streiten wie ein tapferer Kämpfer;
sieh, ich will züchtigen deinen jungen Leib,
du wirst mir sonst noch allzu steif.

Die Seele:
O Herr, was Du willst, das muss wohl sein,
aber mit dem Kreuz kann ich nicht bestehen;
doch wenn es sein muss und ich es tragen soll,
so werde ich schwach sein und muss verzagen.

Der Herr:
Willst du in den Rosen baden,
so musst du erst durch die Dornen gehen;
sieh an dein Kreuz und das meine,
wie ungleich schwer sie doch sind.

Die Seele:
Man liest doch in der Heiligen Schrift:
Dein Joch sei süß, leicht Deine Bürde;
warum bist Du mit mir so hart,
mein allerliebster Bräutigam zart?

Der Herr:
Das Ungewohnte belastet den Sinn;
leide und schweige, es wird noch alles gut;
mein Kreuz ist eine köstliche Last,
wem ich das anvertraue, der ist mein Freund.

Anima:
10. Dem frunde gifstu kleyne rast,
my gruet vor der swaren last;
ik sorge, ik enkunnes mogen herden,
o sote Jhesu, wat rades schal myner werden?

[Dominus:]
11. Dat hymmelrike lyt gewalt,
du byst noch van leve alto kolt;
heddestu my leff, dat worde noch gut,
wente de leve maket alle dingh sote.

[Anima:]
12. O here, giff my der leve brant!
myn krancheyt is dy wolbekant;
lestu my up my sulvest stan,
so westu wol, ik mot vorgan.

[Dominus:]
13. Ik byn brun unde suverlick,
ik byn sote unde lefflick,
ik geve hir arbeyt unde rast,
betrue mi, so stestu vast.

[Anima:]
14. O here, ifft id jummer wesen mach,
dynes cruces neme ik gerne vordrach;
men wultu dat hebben unde mot dat syn,
so sche dyn wylle unde nicht de myn.

Die Seele:
Dem Freunde gibst Du wenig Erleichterung,
mir graut vor der schweren Last;
ich fürchte, ich werde es nicht aushalten können,
o süßer Jesus, welcher Rat soll mir zuteil werden?

[Der Herr:]
Das Himmelreich leidet Gewalt,
deine Liebe ist noch allzu kalt;
hättest du mich lieb, dann würde es noch gut,
da doch die Liebe alle Dinge süß macht.

[Die Seele:]
O Herr, gib mir der Liebe Glut!
meine Schwäche ist Dir wohl bekannt;
läßt Du mich auf mich selbst gestellt sein,   [vergehen.
so weißt Du wohl, dann muss ich

[Der Herr:]
Ich bin schön und köstlich,
Ich bin süß und lieblich,
Ich gebe hier Mühsal und Rast,
vertrau dich mir an, dann stehst du fest.

[Die Seele:]
O Herr, wenn es irgend sein kann,
würde ich auf Dein Kreuz gerne verzichten;
doch willst Du es haben und muss es sein,
so geschehe Dein Wille und nicht der meine.

[Dominus:]
15. To dem hymmelrike is eyn wech alleyne;
dat is des cruces unde anders neyn;
alle dyn wolvart unde dyn heyl lyd an dem cruce, nu kus eyn deyl.

[Anima:]
16. Scholde ik dyn hulde unde dyn rike vorlesen,
verhundert cruce wolde ik darvor utkesen;
here, giff my macht unde litsamheyt
unde crucege my wol, id sy my leff edder leyd.

[Dominus:]
17. Alse dy dat cruce to herten geyt,
so denke, wat ik dy hebbe bereyt:
my sulvest geve ik dy to lone
unde myt den engelen de ewigen cronen.

[Anima:]
18. O myn alderleveste zele!
Myn god, myn leff unde der werlde heyl,
su an dat gut, dat Jhesus is,
des hymmelrykes bystu wys.

Amen.

[Der Herr:]
In das Himmelreich führt ein einziger Weg,
das ist der des Kreuzes und sonst keiner;
all dein Wohlergehen und dein Heil liegt im Kreuz, nun wähle einen Teil.

[Die Seele:]
Sollte ich Deine Gunst und Dein Reich verlieren,
vierhundert Kreuze würde ich dafür auswählen;
Herr, gib mir Kraft und Geduld
und lege mir das Kreuz auf, ob es mir auch lieb oder leid sei.

[Der Herr:]
Wenn dich das Kreuz so sehr drückt,
dann bedenke, was ich dir bereitet habe:
Mich selbst gebe ich dir zum Lohn
und mit den Engeln die ewige Krone.

[Die Seele:]
O meine alleliebste Seele!
Mein Gott, mein Leben und der Welt Heil,
erkenne das Gut, das Jesus ist,
dann bist du des Himmelreiches sicher.

Amen.

Der kreuztragende Heiland, 15. Jh.

20. Mariä Verkündigung

1. Got vader, de bot dem engel schon,
dat he scholde vlegen ut dem tron,
dat he scholde to Marien komen,
...

2. Der engel snelligen to Marien intrat,
dar se in der beschouwingh lagh.
he sprak: Ghegrotet sistu, Maria,
du byst altyt vul gnade.

3. Du schast telen eyn kyndelyn,
des schal hymmel unde erde syn,
du schast telen eyn kyndelyn,
und eyn reyne juncfrouwe bliven.

4. Maria sick sere vorscrack,
do de enghel sus to or sprak.
Nu sage my, wu mach dat syn,
so des gelick nu is er geschen?

Zu jener Zeit gebot Gott Vater dem Engel,
er sollte herabfliegen vom Tron,
und sollte zu Maria kommen,
...

Der Engel trat geschwind bei Maria ein,
als sie in der Andacht versunken war.
Er sprach: Gegrüßet seist du, Maria,
du bist allzeit voller Gnade.

Du sollst gebären ein Kindelein,
Ihm sollen Himmel und Erde gehören,
du sollst gebären ein Kindelein,
und eine reine Jungfrau bleiben.

Maria sich sehr erschrak,
als der Engel solches zu ihr sprach.
Nun sage mir, wie kann das sein,
da desgleichen noch nie ist geschehn?

5. He sprack: Maria, vorscrecke dy nicht
de hilge geyst schal ko[men] up dy.
Tohant gaff se vulbort,
do se hadde hort dusse wort.

6. Se sprack: Su, ik byn eyn maget des heren,
myk sche tohant na dynen worden.
In dem so wart got
war mynsche eynfanghen.

Er sprach: Maria, erschrecke dich nicht,
der Heilige Geist soll kommen über dich.
Sogleich gab sie ihre Zustimmung,
als sie dieses Wort gehört hatte.

Sie sprach: Siehe, ich bin eine Magd des Herrn,
mir geschehe sogleich nach deinem Wort.
Und so ward Gott
als wahrer Mensch empfangen.

In tyden van den jaren

In ty-den van den ja-ren,
do got al-le dingh vul-len-brach-te,
van iu-das wart he vor-ra-den,
den val-schen io-den vor-kofft;
van do-de is he up-ge-stan-den
un-de va-ren to der e-wic-heyt
den iod-den to e-ner schan-de,
to tro-ste der [chri-sten-heyt].

21. Der Judenfrevel von Breslau

1. In tyden van den jaren,
do got alle dingh vullenbrachte,
van iudas wart he vorraden,
den valschen ioden vorkofft;
van dode is he upgestanden
unde varen to der ewicheyt
den jodden to ener schande,
to troste der [cristenheyt].

In jenen Zeiten,
da Gott alles vollbrachte,
von Judas wurde Er verraten,
an die falschen Juden verkauft;
vom Tode ist Er auferstanden
und aufgefahren in die Ewigkeit
den Juden zur Schande,
zum Trost der Christenheit.

2. Wat hat he uns gelaten,
he uns to dem lesten gaff?
eynen schat, de is boven mate,
des neyn tunghe fulspreken
   mach:
dat hilge sacramente,
goddes licham unde syn blod
he uns to dem lesten schenkede,
do he an dem cruce stot

Was hat Er uns hinterlassen,
was gab Er uns zu guter Letzt?
Einen Schatz, unermeßlich groß,
was keine Zunge aussprechen
   kann:
Das heilige Sakrament,
Gottes Leib und Sein Blut
schenkte Er uns zum Schlss,
da Er an dem Kreuze stand.

3. De joden algemeyne
wolden des gheloven nicht,
dat in der hostien cleyne
goddes licham consecreret is
al in des presters henden,
dar de cristenlove anne steyt.
got mote de joden scenden
over alle de werlde breyt.

Die Juden insgesamt
wollten das nicht glauben,
dass in der kleinen Hostie Gottes
Leib verwandelt gegenwärtig ist
in des Priesters Händen, woran
der christliche Glaube festhält.
Gott müßte den Juden Schmach
bereiten über die ganze weite Welt.

4. Myt rechte wil we se straffen,
we wille se alle vorslan;
over de joden scrie we wapen:
grot mort hebben se gedan.
dat hilge sacramente
koffte se Judas' broder aff
all in quatertemper
vor sunte Michaels dach.

Zu Recht werden wir sie strafen,
wir wollen sie alle schlagen:
über die Juden rufen wir „Wehe":
großen Mord haben sie begangen.
Das heilige Sakrament
kauften sie Judas' Bruder ab
an den Quartember-Bittagen
vor dem Michaelistag.

5. De joden unde ore frauwen de makeden eynen falschen rath, se wolden de warheyt schawen, wer got wer flisck unde blot. grot wunder moge [se] merken:	Die Juden und ihre Frauen fassten einen niederträchtigen Plan, sie wollten die Wahrheit schauen, wo Gott sei mit Fleisch und Blut. Ein großes Wunder wollten sie wahrnehmen:
Judas' broder wart boden gesant dem kuster van der kerken; wu scher wart [he] geschant!	Judas' Bruder wurden Boten gesandt zum Küster von der Kirche; gar bald geriet er in Schande!
6. De klocke wolde elven slan, dat was to myddernacht, de custer quam her gande, syn viff he myt sick brachte. Gy joden algemeyne, wat is nu juwe beger? Do sprak de oversten alleyne: Du custer, nu trit her!	Die Glocke schlug eben elf, es ging auf Mittnacht, da kam der Küster gegangen, seine Frau brachte er mit. Ihr Juden allgemein, was ist nun euer Begehr? Da sprach der Oberste allein: Du, Küster, nun tritt herzu!
7. De overste van dem hope gynck by den kuster stan: Woldestu uns de hostien verkopen, de gi cristen beden an al in der gulden monstrancien, de de prester [sulven] droch, we wolden deck des wol danken unde geven deck geldes genoch.	Der Oberste der Schar ging und stellte sich zum Küster: Würdest du uns die Hostie verkaufen, die ihr Christen anbetet in der goldenen Monstranz, die der Priester trägt? Wir wollen dir dieses wohl danken und dir reichlich Geld geben.
8. De custer myt synem wife beret sick des nicht langh: Mochte dat vorholen bliven, unsen dot den scholde gy han. Wat wil gy davor geven? ek halen juck vor mytnacht; dat kostet unße levent, wert id vor de kristen bracht.	Der Küster und seine Frau berieten sich darüber nicht lange: Wenn das geheim bliebe, dann sollt ihr unsern Gott haben. Was wollt ihr dafür geben? Ich hole ihn euch vor Mitternacht; das kostet uns das Leben, wenn das den Christen würde hinterbracht.

9. We willen dat wol swighen,	Wir wollen das wohl verschweigen,
spreken de joden al,	sprachen die Juden alle,
druttich gulden schaltu krighen	dreißig Gulden sollst du erhalten
vor de hostien clene al.	wohl für die kleine Hostie.
De [custer] myt synem wife	Der [Küster] mit seiner Frau
de wart dere rede vro,	freuten sich ob dieser Rede,
dat he de gulden scholde krighen,	dass er die Gulden bekommen sollte,
he lep der kerken to.	und er eilte der Kirche zu.
10. Se begunden den to halen,	Sie begannen, den zu holen,
den Pilatus an eyn cruce sloch,	den Pilatus ans Kreuz schlug,
gode hadden se vorstolen	Gott hatten sie gestohlen
al ut dem oversten tron.	von dem obersten Thron.
myt oren fulen henden	Mit ihren frevelhaften Händen
grepen se in dat fine cristal,	griffen sie in das kostbare Gefäß,
se nemen den konningh der engele,	sie nahmen den König der Engel,
se droghen on myt sick hen.	sie trugen ihn mit sich fort.
11. Do se one den joden brochten,	Als sie ihn den Juden brachten,
do weren se al by en.	da waren diese alle bei einander.
se bespieden unde bespotten en	Sie bespieen und verspotteten ihn
beyde, grot unde kleyn;	alle, groß und klein;
se bespieden unsen heren	sie bespieen unseren Herrn
unde deden ome smaheit grot.	und taten ihm große Schmach an.
du hoghe konningh der ere,	Du großer König der Ehren,
nu bewise uns wunder grot.	nun erweise dich uns durch ein großes Wunder.
12. Dar wart eyn tafel herghebracht,	Das ward eine Tafel herbei gebracht,
dar ginghen se al umme stan,	und alle stellten sich herum,
dar wart godes licham uppghelecht,	darauf wurde Gottes Leib gelegt
dat sacrament so schon.	das überaus schöne Sakrament.

se wolden van bynnen schouwen, wer got wer vlisch unde blot,	Sie wollten von innen hineinschauen, ob hier Gott wäre mit Fleisch und Blut.
in stucken se one begunden to houwen; owe der jammer grot not!	Sie begannen, ihn in Stücke zu hauen: O weh des Jammers und der großen Not!
13. Dat blot dat kam gherunnen al over de tavelen bret, ut godes licham ghedrunghen, dar id noch hutes daghes ane steyt. de jodden vorscracken sere, one wart gar banghe to mode, alse he an eyn cruce wart gherecket, so lach he an synem blode.	Das Blut kam geflossen über die Tafel breit, aus Gottes Leib trat es hervor, wo es sich noch heutigen Tages befindet. Die Juden erschraken sehr, sie gerieten in große Furcht, als ob er an ein Kreuz gestreckt wurde, so lag er da in seinem Blut.
14. De wechters up der muren de worden des jammers wis. over eyn kleyne wile so kam dar mannich tartis myt cruce unde myt fanen unde myt processien grot. wu bistu, leve here, tohouwen in dynem blode roth!	Die Wächter auf der Mauer, die wurden des Jammers gewahr. Nach einer kleinen Weile kamen viele [Leute mit] Kerzen mit Kreuzen und mit Fahnen und in einer großen Prozession. Wie bist du doch, lieber Herr, so zergehauen in deinem Blut.
15. Dat volck dat quam ghedrunghen, beyde, frouwen unde man; de prester konde nicht singhen, al dat wente, dat dar kam. se dreven jammer swere unde fellen to der erde: wu bistu, leve here, tohouwen myt eynem swerde!	Das Volk drängte herbei, alle, Frauen und Männer; der Priester konnte nicht singen, alles weinte, was da kam. Sie klagten in großem Jammer und fielen nieder zur Erde: Wie bist du doch, lieber Herr, so zugerichtet mit einem Schwert!

16. De prester unde de clercken, de dreven jammer grot, se dreghen de tafelen to der kerken al myt dem blode roth. unde we nu wil weten, wur de jammer is geschen, to Breslau in der guden stat, dar me dat hudes daghes wol mach seyn.	Die Priester und die Kleriker huben große Klage an. Sie trugen die Tafel zur Kirche so mit dem roten Blut. Und wer nun wissen will, wo dieser Jammer geschehen ist, zu Breslau, in der guten Stadt, dort kann man das heutigen Tages wohl noch sehen.
17. De joden worden ghefanghen; hundert unde vertich ward or ghebrant, de custer moste sick sulven henghen, alse Judas was he geschant; he screy ut luder stemme: Myk wert neyn froude ju erkant, nu mot ik ewich bernen al in der helle grunt!	Die Juden wurden gefangen; ihrer hundertundvierzig wurden verbrannt, der Küster musste sich selbst erhängen, wie Judas war er geschändet; er schrie mit lauter Stimme: Mir wird keine Freude mehr zuteil, nun muss ich ewig brennen wohl in der Hölle Grund!
18. Gy cristen algemeyne schullen ganßen hopen han, dat me in der hostien cleyne goddes licham mach enfan. me screff dusent und verhundert jar vor sunte Michaelis dach, in dem dre unde veftichgesten jare, do gode de smaheyt schach.	Ihr Christen allgemein sollt große Zuversicht haben, dass man in der kleinen Hostie Gottes Leib empfangen kann. Man schreibt tausend und vierhundert Jahre vor dem Sankt-Michaelis-Tag, in dem dreiundfünfzigsten Jahre, als Gott diese Schmach geschah.

19. Dyt leyt hefft Jacop van Roden dicht,
van den [joden] kumt nummer gut,
wen haghel, blixen, donnerslach
unde jammer grot.
dat schut in al den landen,
dar de joden beholden syn;
up Marien spreken se schande
unde up er leve kynt.

Dieses Lied hat Jacob von Ratingen gedichtet,
von den [Juden] kommt niemals etwas Gutes,
sondern nur Hagel, Blitz, Donnerschlag
und großes Elend.
Das geschieht in all den Landen,
wo die Juden geduldet werden;
über Maria lästern sie
und über ihr liebes Kind.

22. Der Hostienfrevel von Blomberg

1. Nu erst wylle ik heven an
dat allerbeste, dat ik kan,
van gode wyl ik singen,
van Marien, der reynen maget,
van orem leven kinde.

2. Teken mach me hir wol sen,

wu to dem Blomberge is geschen
van eynem bosen wiwe,
wu ser se to dem alder drangh
na osterliker spise.

3. Myt den unkuschen henden grep se on an,
Jhesum Christum, dat ware lam,
se droch on al vorhalen;
vif unde vertig, dat is war,

hadde se dem prester stolen.

4. Do se vor dat alter quam,
de duwel hadde se ummedan,

do stunt se unde dachte,
wu se godes licham
van dem alter brachte.

5. Do de prester vor dat alter quam,
godes licham nicht vor envant,
he was bedrovet sere:
we hebbet vorloren usen trost,
Christ, al der werlt eyn here.

Nun wohl will ich heben an
zum allerbesten, was ich kann.
Von Gott will ich singen,
von Maria, der reinen Magd,
von ihrem lieben Kinde.

Zum Zeichen mag mir hier wohl sein,
was zu Blomberg ist geschehen
von einem bösen Weibe,
wie sehr es sie zum Altar drängte
nach österlicher Speise.

Mit ihren unkeuschen Händen griff sie nach ihm,
Jesum Christum, dem wahren Lamm,
sie zog ihn hervor:
fünfundvierzig [Hostien], das ist wahr,
hatte sie dem Priester gestohlen.

Als sie vor den Altar kam,
hatte der Teufel von ihr Besitz ergriffen,
da stand sie nun und überlegte,
wie sie Gottes Leib
vom Altar wegbringen könnte.

Als der Priester vor den Altar kam,
fand er Gottes Leib nicht vor,
[darüber] war er sehr betrübt:
Wir haben verloren unseren Trost,
Christ, ein Herr der ganzen Welt.

6. De vrouwe to orem manne sprak:
is juck dar nicht witlik an,
hir gaht so nige mere,
wu Christ schulle stolen syn,
al der warlde eyn here?

7. We sik dar wet schuldig an,
[sprak to siner vrouwe de man]
de swich sik des al stille:
dat wyl ome kosten lyf unde gut,
dat moge, wen dat wille.

8. Do de vrouwe dat vornam,
dat dat leste ortdel quam,
do let se't nicht vordreten,
se warp on an eyn borneken kalt,
let en hene fleten.

9. Do dat vornam dat hymmelsche kynt,
plixen, storm, grot hagel, wynt
is dar van komen,
de bome uth der erde drunghen,
dat kam van godes torne.

10. De uns dussen rey utsang,
Tirich Tabernes is he genant,
he hat on uns wol gesungen
al van Marien, de reyne maget
van orem leven kynde.

Die Frau sprach zu ihrem Manne:

Ist dir nichts davon bekannt,
hier geht so eine neue Mär,
dass Christ soll gestohlen sein,
der Herr über alle Welt?

Wer sich dessen schuldig weiß,
[sprach zu seiner Frau der Mann],
der schweige davon wohl still:
Das wird ihm kosten Leben und Gut,
das mag geschehen, wenn er das will.

Als die Frau das vernahm,
dass das letzte Urteil bevorstand,
da ließ sie's sich nicht verdrießen,
sie warf ihn in ein Brünnlein kalt,
ließ dahin sie fließen.

Als dieses vernahm das himmlische Kind,
Blitz, Sturm, schwerer Hagel, Wind
ist deswegen gekommen.
Die Bäume wurden entwurzelt,
das kam wegen Gottes Zorn.

Der uns diesen Reim gesungen,
Tirich Tabernes wird er genannt,
er hat ihn uns gar schön gesungen
von Maria, der reinen Magd
und von ihrem lieben Kinde.

Dilectus meus, Blatt 21a

Dilectus meus

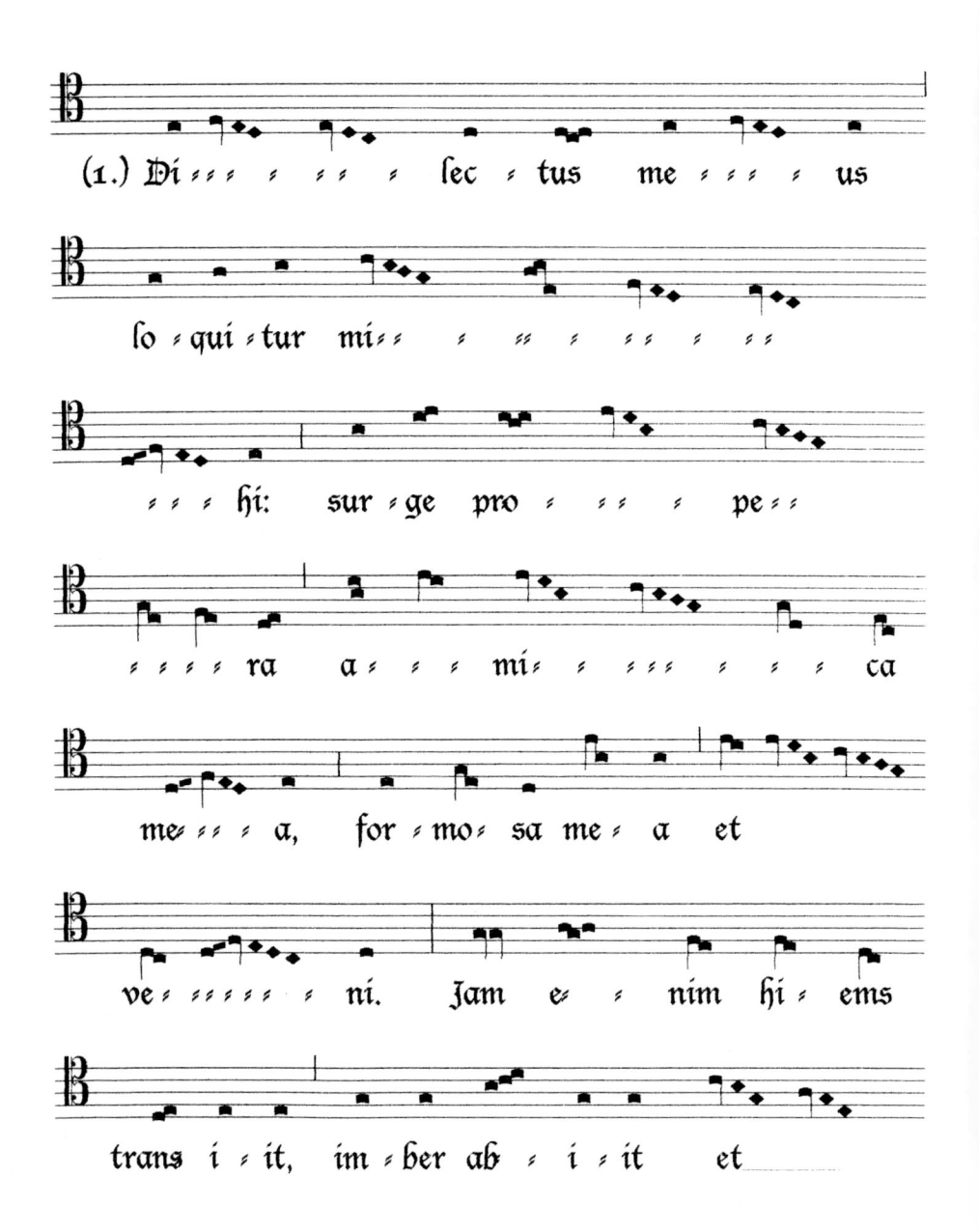

(1.) Dilectus meus loquitur mihi: surge propera amica mea, formosa mea et veni. Jam enim hiems transiit, imber abiit et recessit. flores apparuerunt in terra nostra, tempus putacionis advenit. Veni. veni veni, veni veni ni, coronaberis.

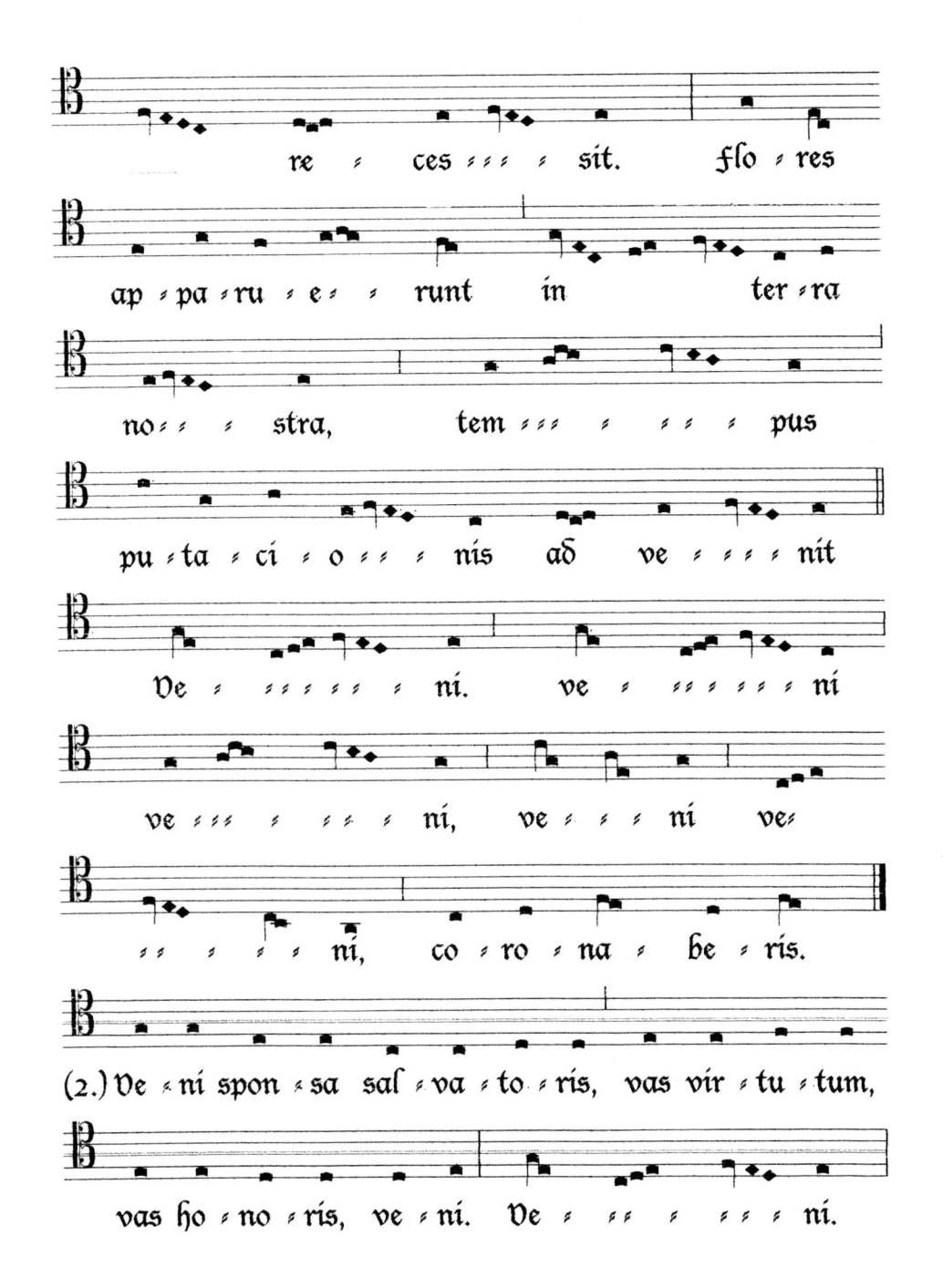

(2.) Veni sponsa salvatoris, vas virtutum, vas honoris, veni. Veni.

Veni, puella pudoris, vas salutis,
vellus roris, veni Veni.
Angelorum, orphanorum,
rectrix, ductris, invsita. Ve-
-ni. Natum, gratum mundo datum,
flagita. Veni. Nam electa
es effecta mater Christi, conferisti
mundo tristi. Veni.
Gaudia eterna, coronaberis.

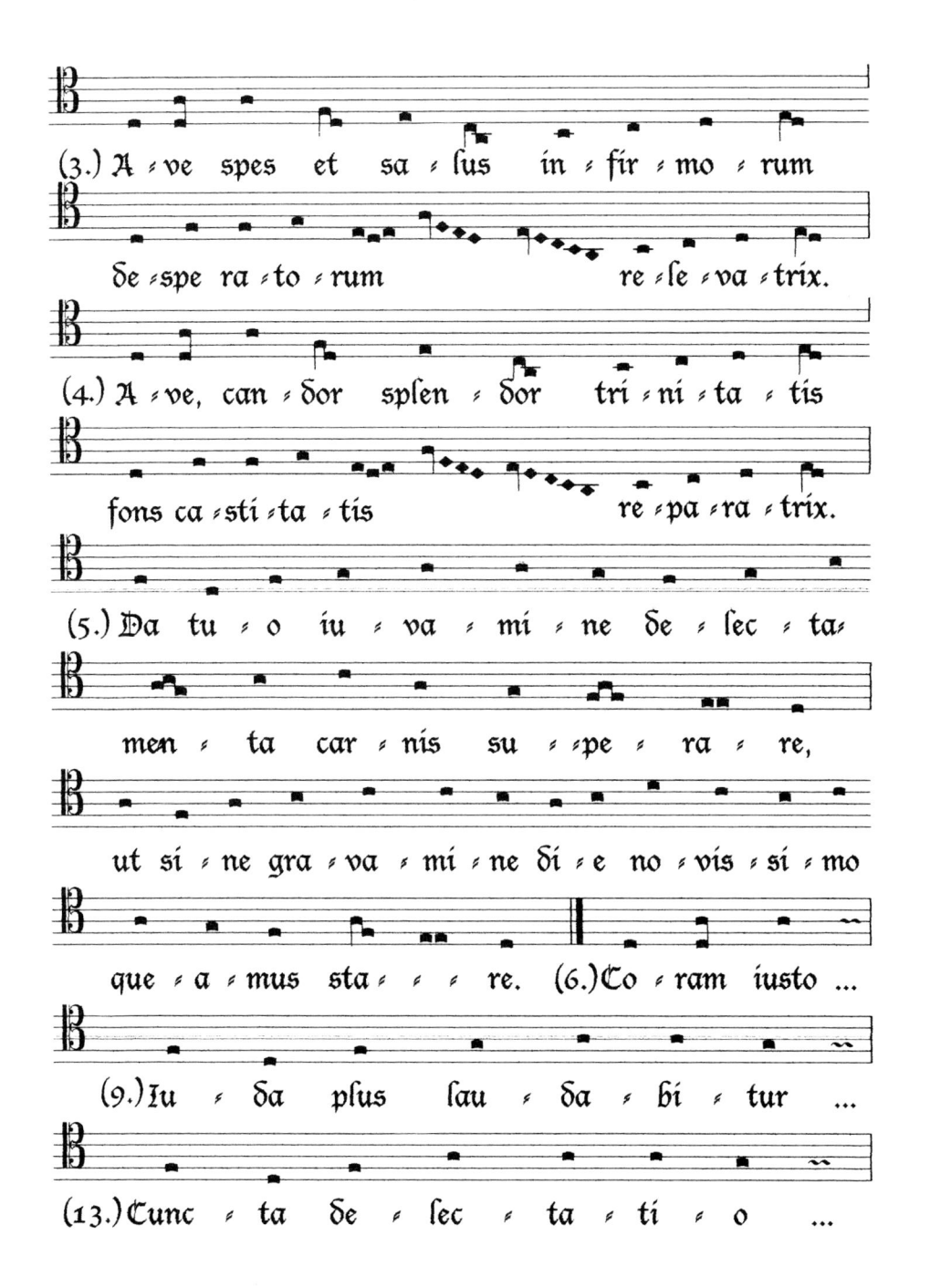

(3.) A-ve spes et sa-lus in-fir-mo-rum de-spe ra-to-rum re-le-va-trix.

(4.) A-ve, can-dor splen-dor tri-ni-ta-tis fons ca-sti-ta-tis re-pa-ra-trix.

(5.) Da tu-o iu-va-mi-ne de-lec-ta-men-ta car-nis su-pe-ra-re, ut si-ne gra-va-mi-ne di-e no-vis-si-mo que-a-mus sta-re. (6.) Co-ram iusto ...

(9.) Iu-da plus lau-da-bi-tur ...

(13.) Cunc-ta de-lec-ta-ti-o ...

23. Dilectus meus

1. Dilectus meus loquitur mihi:
surge, propera amica mea,
formosa mea, et veni.
Jam enim hiems transiit,
imber abiit et recessit.
Flores apparuerunt in terra nostra.
Tempus putacionis advenit.
Veni, coronaberis.

Mein Geliebter sprach zu mir:
Steh auf, eile, meine Freundin,
meine Schöne, und komm. Denn
schon ist der Winter vergangen,
der Regen vorbei und dahin.
Blumen sind entsprossen auf der Flur.
Der Lenz ist gekommen.
Komm, du sollst geschmückt werden mit einem Kranz.

2. Veni, sponsa salvatoris,
vas virtutum, vas honoris,
veni.
Veni, puella pudoris,
vas salutis, vellus roris,

veni.
Angelorum, orphanorum
rectrix, ductrix inclita,
veni.
Natum gratum,

mundo datum,
flagita,
Veni.
Nam electa es
effecta mater Christi.
Conferisti mundo tristi,

Veni,
gaudia eterna.
coronaberis.

Komm, Braut des Heilandes,
Gefäß der Tugend und Ehre,
komm.
Komm, reine Magd,
Gefäß des Heiles, Vließ des Gideon,
komm.
Der Engel Königin,
der Hilflosen hehre Führerin,
komm.
Den du geboren hast, den Gnädigen,
und der Welt geschenkt hast,
Ihn flehe [für uns] an,
komm.
Denn du bist erwählt worden,
die wahre Mutter Christi zu sein.
Du hast gebracht der trostlosen Welt

ewige Freuden.
Komm, – du sollst geschmückt werden mit einem Kranz.

3. Ave, spes et salus
infirmorum,
desperatorum
relevatrix.

4. Ave candor,
splendor trinitatis,
fons castitatis
reparatrix.

5. Da tuo iuvamine
delectamenta carnis
   superare,
ut sine gravamine
die novissime queamus stare

6. Coram iusto iudice,
congaudendo
et non flendo
cum damnatis.

7. Salve campi vernans
flos rosarum,
tu nobis carum
posce natum.

8. Salve, tu reorum
relevamen,
exora flamen,

deleat reatum.

9. Iuda plus laudabitur mater,

que sine viro nuncuparis,

virgo venerabilis,
celique terre giro dominaris.

Sei gegrüßt, Hoffnung und Heil,
der Kranken,
der Hoffnungslosen
Trösterin.

Sei gegrüßt, du GLanz
   und Zierde der Dreifaltigkeit,
Quell und Erneuerin der
   Keuschheit.

Gewähre, mit deiner Hilfe
die Freuden des Fleisches
   zu überwinden,
auf dass wir ohne Belastung
am jüngsten Tage bestehen
   können

vor dem gerechten Richter,
dass wir uns mitfreuen dürfen
und nicht weinen müssen
mit den Verdammten.

Sei gegrüßt, aufsprießende
Rosenblüte des Feldes,
du bitte für uns
deinen lieben Sohn.

Sei gegrüßt du, die den Schuldigen
Hoffnung bringt,
bewege den Heiligen Geist durch
   deine Bitten,
dass er tilge unsere Schuld.

Mehr als Juda wird gepriesen, die
   du Mutter
genannt werden kannst ohne
   einen Mann,
verehrungswürdige Jungfrau,
Du bist Herrscherin über Himmel
   und Erdkreis.

10. Christus, qui regnas
   iugiter
cum electis,
coronam plectis
vite rectis.

11. Vale, vellus,
mater, gedeonis
que poli tronis
dominaris.

12. Vale, porta iugiter
tu serata,
cunctis prelata
nuncuparis.

13. Cuncta delectatio
peccantibus suavis reputatur,
longa castigatio
propter hanc inferno dira
   preparatur.

14. A qua nos digneris
custodire,
Maria, fac nos ire
cum beatis.

Amen.

Christus, der du beständig
   herrschest
mit den Erwählten,
du flechtest die Krone des
Lebens für die Gerechten.

Gruß dir, Mutter,
Vlies des Gideon,
die du herrschest über die Throne
   des Himmels.

Gruß dir, du auf immer
verschlossene Pforte,
du wirst die über alle Erhabene
genannt.

Alle Ergötzung wird von den
Sündern als süß empfunden,
eine lange und harte Züchtigung
wird ihnen deshalb in der Hölle
   bereitet.

Davor mögest du uns
gnädig bewahren,
Maria, bewirke, daß wir schreiten
in der Schar der Seligen.

Amen.

Die Himmelskönigin, Hauptaltar im Nonnenchor, um 1519

24. Maria, Himmelskönigin

1. Ik bin gheheten dat gaudium
satis curiale
up eynem angher wunnechlick
pro agmine virginale

Ich werde genannt die wahre
Freude am [himmlischen] Hof
auf einem Anger wonnevoll
für eine jungfräuliche Schar.

2. O du speygel der ewicheyt,
fons claritatis,
ghiff uns vrede hic in terris,
so moghe wy ewigen leven
in æterna requie!

O du Spiegel der Ewigkeit,
Quell des klaren Glanzes,
verleih uns Frieden hier auf Erden,
dann möchten wir ewig leben
in ewiger Ruhe!

3. Eyn juncfrouwe het sick celi
  ros,
hec scit disputare,

der wyl ick denen sunder
  underlath,
vis audire quare?

Eine Jungfrau nennt sich Rose
  des Himmels,
die weiß, alles ins Reine zu
  bringen,
der will ich dienen ohne
  Unterlaß,
willst du hören, wodurch?

4. Welk man ore hulde hat,
hunc perficit beatum,
er hoff gar wol ghetzyret stat
sicut celum stellatum.

Der Mann, der ihre Gunst hat,
der kann sich glücklich schätzen,
dessen Hofstatt ist wohl geziert,
wie der gestirnte Himmel.

5. O du vil sote mandelkerne,
dilue reatum,
tho dynem schympe were ik
  gerne,
nunc præbeas ducatum,
sis prospicia.

O du ganz süßer Mandelkern
tilge die Schuld,
zu deiner Kurzweil wäre ich gerne
  [bereit],
nun gewähre den Lohn,
sei darum besorgt.

6. Alß my her Salomon hefft
  gesaghet:
se is pulchra et formosa,
her David hat se uthgenant:
suavis, speciosa.

Wie Herr Salomon es mir
  gesagt hat,
ist sie schön und wohlgestaltet,
Herr David hat sie bezeichnet als
lieblich und prächtig.

7. Dat maket ore grote myldicheyt,
quia caret felle,
ore munth is rosenvar, er ogen clar
et lucent sicud stelle.

8. O du vureghe rosenroth,
gemma claritatis,
help uns uth al unser not,
da fontem bonitatis,
ave, dulcis regina.

9. Ach hedde ick aller tungen macht,
dat spreke ick sine fraude,
so konde ick nicht tracteren gans
hanc in sua laude.

10. Ok wenn se an dem danse geit
virgineo pudore,
so dracht se jo der eren kranß
grata et honore.

11. O du leve rosenblat,
virgula Jessina,
dyne banneren wil ick voren gerne,
ave, celi regina.
nunc et in evum. Amen.

Das bewirkt ihre große milde Güte,
denn sie ist ohne Makel,
ihr Mund ist rosenfarbig, ihre Augen sind hell
und leuchten wie [zwei] Sterne

O du feuriges Rosenrot
du Juwel des Glanzes,
Hilf uns aus all unsrer Not,
gewähre den Quell der Güte,
sei gegrüßt, du milde Königin.

Ach, hätte ich aller Zungen Macht,
das sage ich ohne Trug,
so könnte ich doch nicht völlig zum Ausdruck bringen
was ihr an Lob gebührt.

Auch wenn sie zum Tanz schreitet,
in jungfräulicher Sittsamkeit,
dann trägt sie den Ehrenkranz
mit Anmut und in Ehren.

O du liebes Rosenblatt,
du Zweiglein an Jesses Stamm,
dein Banner will ich gerne führen,

sei gegrüßt, du Himmelskönigin,
nun und in Ewigkeit. Amen.

25. Die himmlische Stadt

1. Ik wet eyn stat,
dar wer ik gerne,
Ik wet eyn stat,
da steyt hen
al mynes herten begher.

Ich kenne eine Stadt,
da wäre ich gerne,
ich weiß eine Stadt,
dahin steht
all meines Herzens Begehr.

2. In der leven
erbaren stat,
in der leven,
dar is noch ledt
noch unghemack.

In der lieben,
ehrbaren Stadt,
in der lieben,
gibt es weder Leid
noch Ungemach.

3. De straten,
de dar dore gan,
de straten,
de schinen
van eddelem golde clar.

Die Straßen,
die dort hindurch führen,
die Straßen,
die glänzen
hell von edlem Golde.

4. De muren,
de dar ummegan,
de muren
de schynen
van eddelen steynen clar.

Die Mauern,
die sie umgeben,
die Mauern,
die strahlen
hell von Edelsteinen.

5. De twolff porten,
de darinne syn,
der XII porten
de schinen
van eddelen perlen fyn.

Die zwölf Tore,
die darinnen sind,
die 12 Tore,
die schimmern
fein von edlen Perlen.

6. De tynne
unde de torne hoch,
de tinne,
de schynen
van sulver unde van golde jo.

Die Zinnen
und die Türme hoch,
die Zinnen,
die erglänzen
wohl von Silber und Gold.

7. Pypen, trumppen,
veddelen, orgelen spel,
pypen,
dar hort me
manniger leye seydenspel.

Pfeifen, Trompeten,
Fiedeln, Orgelspiel,
Pfeifen,
dort hört man
mancherlei Saitenspiel.

8. Johannes vort
de konniginne vor,
Johannes vort,
de engelken
draghen de cronen vor.

Johannes führt
die Königin vor,
Johannes führt,
die Engelein
tragen die Krone voran.

9. De reynen kuschen
juncfrouwen folgen dar na,
de reynen,
myt lylien unde
myt roßen ummegedan.

Die reinen keuschen
Jungfrauen folgen nach,
die reinen,
mit Lilien und
mit Rosen angetan.

10. Dar geyt
leff by leves hant,
dar geyt leves,
se syn
dar alle wolbekant.

Da schreitet
Liebe an der Liebe Hand,
da schreitet Liebe,
sie sind
dort alle wohl bekannt.

11. Dar geyt
leff by leve her,
dar geyt,
gescheden
werden se nummermer.

Da geht
Liebe mit Liebe einher,
da geht,
geschieden
werden sie nimmermehr.

12. Dar werden
all de ingevoret,
dar werden,
de de
na godes gode hort.

Dort werden
alle die hineingeführt,
dort werden,
die da
auf Gottes Gebote hören.

26. Dies est leticie in mundo totali

1. Dies est leticie
in mundo totali,
nam surrexit hodie
tempore paschali
Christus admirabilis
totus delectabilis
in humanitate,
qui inestimabilis
est et ineffabilis
in divinitate

Der Tag ist voll Freude
in aller Welt,
denn erstanden ist heute
in dieser österlichen Zeit
Christus auf wunderbare Weise
ganz liebenswert
in seiner Menschlichkeit,
der aber unschätzbar
ist und unaussprechlich
in seiner Göttlichkeit.

2. Nunc de omni seculo
...
iuvat ex pecato,
laus grandis largitur.
Christi resurrexio
sit nostra protexio,
dum vita finitur.
augur fallax perpetum
reddidit penaculum
adam nec non eve.

Nun für alle Ewigkeit
...
hilft heraus aus der Sünde.
Großes Lob wird gespendet.
Christi Auferstehung
sei unser Schutz,
wenn das Leben endet.
Ein falscher Prophet hat die
Strafe als ewig ausgegeben
für Adam und auch für Eva.

3. Furor hinc de strepitus
grande suscitatur;
demonorum numerus,
qua propter letatur;
quo fiat calliditas
eorum et subtilitas
ipsos dominari
in cunctis hominibus
mortuis vincentibus
tempora pro Christo.

Darüber entbrennt große Wut und
und Raserei;
die Schar der Dämonen
wird dadurch vernichtet.
So kommt es, dass ihre Schläue
und Raffiniertheit
sie beherrschen
in Bezug auf alle Menschen, die
gestorben sind und das Zeitliche
überwunden haben für Christus.

4. Nunc sua clemencia
vere deitatis,
divina providencia
sancte trinitatis,
de mortis ergastulo
cum nato unigenito
orbem relaxavit
et cathenis igneis
peneque seculis (?)
suos liberavit.

5. Rex regum pro hominibus
vitam deferebat,
filius pro clientibus
mori cupiebat;
pro quo beneficio
passo dei filio
sit laus eternalis,
qui contra sena jacula
beleal et pharetram
pugit festivalis.

6. Christe, qui nos propriis
manibus fecisti
et pro nobis omnibus
pati voluisti,
te devote petimus,
dele, que peccavimus
et non damnes ire;

dum tupa se nunciat,
tua gracia contineat,
o Christe, nos venire.

Amen.

Nun hat seine Güte
der wahren Gottheit,
die göttliche Vorsehung
der Heiligen Dreifaltigkeit,
aus der Bedrängnis des Todes
mit dem eingeborenen Sohn
die Welt erlöst
und aus glühenden Ketten
und den Zeiten (?) der Strafe
die Seinen befreit.

Der König der Könige hat für die
Menschen sein Leben hingegeben,
der Sohn sehnte sich, für seine
Schutzbefohlenen zu sterben.
Für diese Wohltat sei
dem Gottessohn, der gelitten hat,
ewiges Lob [dargebracht],
der gegen sechs Wurfspieße
des Baal und den Köcher
mächtig gekämpft hat.

Christus, du hast uns mit eigenen
Händen erschaffen
und hast für uns alle
leiden wollen,
dich bitten wir demütig,
tilge, was wir gesündigt haben
und wir nicht als Verdammte
    gehen;
wenn die Posaune erschallt,
möge deine Gnade uns halten,
o Christe, dass wir kommen
    dürfen.

Amen.

27. Das himmlische Jerusalem

1. Jerusalem de sote stat,
da we schulen wanen inne,
se is van rosen lichtervar,
ghezieret wol darbynnen.

2. Twolff porten de darinne sint
van elpenbeynen,
de muren, de dar umme gan,
de syn van eddelen steynen.

3. De straten, de dar inne sint,
begoten wol myt golde;
an zaligher tyt is de gheboren,
de se treden scholde.

4. De steyn, de an de muren licht,
de hat sick upgherichtet:
benediget sy syn sote name,
de [name] Jhesus Christus.

5. He hefft sik an den grunt ghelecht,
up one so buwet me drade;
we hir behouwen nicht enwert,
de kumpt de muren to spade.

6. O wy, dat we so rechte luttik volgen
Jhesum, unsem heren;
we dencket an de cronen nicht
unde an de groten eren,

Jerusalem die süße Stadt,
darinnen wir wohnen sollen,
sie ist von Rosen leuchtend
und drinnen schön geschmückt.

Die zwölf Tore darinnen sind
von Elfenbein,
die Mauern, die sie umschließen,
sind aus Edelsteinen.

Die Straßen, die in ihr sind,
sind ausgegossen mit Gold;
in seliger Zeit ist der geboren,
der sie betreten darf.

Der Stein, der an der Mauer liegt,
der hat sich aufgerichtet:
gebenedeit sei Sein süßer Name,
der Name Jesus Christus.

Er hat sich auf den Grund gelegt,
auf ihm können wir alsbald bauen;
wer hier nun nicht behauen wird,
der kommt für die Mauer zu spät.

O weh, daß wir so recht wenig folgen
Jesum, unserm Herren;
wir denken an die Kronen nicht
und [nicht] an die großen Ehren,

7. de got synen kynderen wil
   geven.
de ome myt truwe denen;
he wil se sulven enfan
unde sulven denen.

Amen.

die Gott Seinen Kindern geben will,

die Ihm in Treue dienen.
Er selbst will sie empfangen
und ihnen selbst aufwarten.

Amen.

Christus und Karitas, Glasfenster im Kreuzgang, um 1335

28. Kreuzmeditation

Anima ad sanctam crucem
   dicit:

1. Boge dyne strengen telgen,
du schone palmeholt,
dorch dyne mylde gode
giff my dyne frucht sote,
giff my myn leff so stolt.

   [crux]:
2. Ik sta hir by dem wege
unde byn berede dy,
myn frucht wil ik dy geven;
du most dy erst upheven,
stich dar, dar dyn leff sy.

   anima:
3: Wo schal ik to om komen?
dyn pol is [my] to hoch,
nege dy to der erde,
dat my myn leff moge werden,

so werde ik secker vro.

   crux:
4. Dyn leff is an der wunne,
du bist eyn arme wicht;
[he schal hyr an my hangen,]
du kanst one nicht afflanghen,
to dy [so] kumpt he nicht.

   [anima]:
5. Eya du schone palme,
wo bistu my so swar!
myn leff is vul der gnade.

Die Seele spricht zum heiligen
   Kreuz:

Biege deine starren Zweige,
du schönes Palmenholz,
durch deine milde Güte
gib mir deine süße Frucht,
gib mir meinen Liebsten so stolz.

Das Kreuz:
Ich stehe hier am Wege
und bin für dich bereit,
meine Frucht will ich dir geben;
du mußt dich erst erheben,
steige herauf, wo dein Liebster ist.

Die Seele:
Wie soll ich zu ihm kommen?
Dein Stamm ist mir zu hoch,
neige dich herab zur Erde,
dass mir mein Liebster der meine
   werden möge,
dann werde ich sicher froh.

Das Kreuz:
Dein Liebster ist ohne Wonne,
du bist ein armseliger Wicht;
er muß hier an mir hängen,
du kannst ihn nicht erreichen,
zu dir, da kommt er nicht.

Die Seele:
Ei, du schöne Palme,
wie bist du mir so schwer!
Mein Liebster ist voll der Gnade.

he geve myk sick so drade,
worde he myner enwar.

6. Slapestu edder wakestu,
Jhesu, myn trost so gut?
na dy so lyd myn herte
so drofflike smerte;
kum, los id ut der noth!

7. Wo hangestu, leff, dyn hovet
   nedder,
al umme den willen myn!
wultu my nicht tospreken,

so mot myn herte tobreken
al dorch de lewe dyn.

8. Wake up, wake up, myn
   heylant,
myn hopen unde al myn trost!
sprickestu my nicht to so
   drade,
so hape ik nener gnade
unde werde nummer lost.

Christus:
9. We is, de my wecket
al uth dem slape myn?
slapes ik begere;
ik byn vermodet sere
van lydens unde van pyn.

anima:
10. Leff, dat byn ik vil arme,
darto bringet my de not;
werestu nicht enwaket
unde heddestu my nicht
   tospraken,
van ruwe were ik dot.

Er gäbe sich mir alsbald,
würde er meiner gewahr.

Schläfst du oder wachst du,
Jesus, mein guter Trost?
Nach dir sehnt sich mein Herz
mit so betrüblichem Schmerz;
komm, befrei es aus der Not.

Wie lässt du, Liebster, dein Haupt
   hernieder hängen,
alles um meinetwillen!
Willst du mir nicht [Trost]
   zusprechen,
so muss mein Herz zerbrechen
durch all deine Liebe.

Wach auf, wach auf, mein Heiland,

mein Hoffen und all mein Trost!
Wenn du mich nicht ansprichst
   gar bald,
so erhoffe ich keine Gnade
und werde nimmer erlöst.

Christus:
Wer ist es, der mich weckt
schon aus meinem Schlaf?
Ich begehre des Schlafes;
ich bin sehr ermüdet
vom Leiden und von der Pein.

Die Seele:
Liebster, das bin ich gar Arme,
dazu veranlaßt mich die Not;
wärest du nicht erwacht,
und hättest du mich nicht
   getröstet,
so wäre ich vor Reue gestorben.

Christus:
11. In de leve bistu nicht vaste,
dat marke ik wol an dy,
woldestu so ringhe vor[moden],
offte ik dy lete in noden,
so hopestu kleyne an my.

anima:
12. Ach leff, myn macht, myn sterke
de is dy wolbekant;
wultu dy to my keren,
so mach ik duldig leren,
anders is id umbewant.

Christus:
13. Wultu dult leren,
se, leff, her an my!
an mynen wunden rode
myt mynem bitteren dode
hir anne so speygele dy.

anima:
14. Ik se dy, leff, ghecronet
myt eynem kranße rot,
den drechstu, leff, vull pyne
umme den willen myne,
darna so steyt al myn moth.

Christus:
15. Scholde wy twe leve wesen,
so do, myn leff, den kranß to dy;
drach one unvorborghen
den avent unde den morghen,
darby so denke [an] my.

Christus:
In der Liebe bist du nicht stark,
das merke ich dir wohl an,
wolltest du so leicht ermüden,
wenn ich dich in Nöten weiß,
so ist gering deine Hoffnung auf mich.

Die Seele:
Ach Liebster, meine Macht, meine Stärke
die sind dir wohl bekannt;
willst du dich zu mir wenden,
so mag ich Geduld lernen,
anders ist es nutzlos.

Christus:
Willst Geduld du lernen,
sieh, Liebste, hier mich an!
An meinen Wunden rot
mit meinem bitteren Tod
darin spiegele dich.

Die Seele:
Ich sehe dich, Liebster, gekrönt
mit einem Kranze rot,
den trägst du, Liebster, voll Pein
um meinetwillen,
danach steht all mein Sinnen.

Christus:
Sollen wir zwei in Liebe verbunden sein,
so nimm, meine Liebste, den Kranz an dich;
trage ihn unverborgen
am Abend und am Morgen,
und dabei denke an mich.

anima:
16. Wo se ik, leff, dyne oghen

darumme myt blode rot,
dar alle engele schare

unde alle hilgen clare
synt in eyner vroude grot.

Christus:
17. Myne oghen syn vordecket
al to eynem bilde dyn;
wen dyne oghen mere
stan na ideler ere,
so dencke, leff, an my!

anima:
18. Wo bleck syn dyne wanghen,
vor is de schonheyt dyn?
dyn liff myt bode berunnen,
hir ghehenget an der sunnen
al umme de schulden myn.

Christus:
19. Bystu nicht geleret
al an der leve grot?
alle, de eyn leff vast kesen,

er [var]we se vorlesen
unde bernen von leve roth.

anima:
20. Wo reckestu uth dyne arme,
entfange my darin!
mocht ik an dy rouwen
unde dyne grote leve schouwen,
darna stunde wol myn syn.

Die Seele:
Wenn ich sehe, Liebster, deine
deine Augen
unterlaufen mit rotem Blut,
dann finden sich dort doch alle
Engelscharen
und alle Heiligen in ihrem Glanz
in ewiger großer Freude.

Christus:
Meine Augen sind gerichtet
ganz auf ein Bild von dir,
wenn deine Augen mehr
nach eitler Ehre stehn,
so denke, Liebste, an mich.

Die Seele:
Wie bleich sind deine Wangen,

wo ist die Schönheit dein?
Dein Leib, mit Blut überströmt,
hängt hier, der Sonne ausgesetzt,
alles wegen meiner Schuld.

Christus:
Wurde dir nicht gelehrt
von der großen Liebe,
dass alle, die sich eine Liebe fest
erwählen,
ihre Farbe verlieren
und brennen rot vor Liebe.

Die Seele:
Wenn du ausbreitest deine Arme,
empfange mich darin!
Möchte ich doch bei dir ruhen
und deine große Liebe schauen,

danach stünde wohl mein Sinn.

Christus:
21. Ik byn alle tyd berede
unde wil dy dar enfan;
de sunde schaltu myden,
umme mynen willen lyden,
wat dy kan angan.

anima:
22. Ik se dy, Jhesu, myn leff,
vorwundet an dat herte dyn;
wen myn herte wil breken,
myn munt nicht mer kan
   spreken,
so lat my, leff, darin.

Christus:
23. Schal ik dy laten rouwen
an mynes herten grunt,
so vorwunde ersten dyn herte
myt mynes lidendes smerte
to bedrachtende in aller stunt.

anima:
24. Jhesu, eyn bunt der mirren
gifstu den leven dyn,
se myt dy moten draghen
dyn cruce in allen weghen;
wultu, so mach id syn.

Amen.

Christus:
Ich bin allezeit bereit
und will dich dort empfangen;
die Sünde sollst du meiden,
um meinetwillen Leid ertragen,
soweit es dich betrifft.

Die Seele:
Ich seh' dich, Jesus, mein Liebster,
verwundet an dem Herzen dein;
wenn einst mein Herz will brechen,
mein Mund nicht mehr kann
   sprechen,
dann lass mich, Liebster, dort ein.

Christus:
Soll ich dich ruhen lassen
auf meines Herzens Grund,
dann verwunde zuerst dein Herz
mit meines Leidens Schmerz,
zu betrachten in jeder Stunde.

Die Seele:
Jesus, einen Strauß Myrrhe
gibst du den Lieben dein;
sie müssen mit dir tragen
dein Kreuz auf allen Wegen;
wenn du es willst, so soll es sein.

Amen.

29. Der himmlische Bräutigam

1. Ik draghe an mynes herten grunt
eyn steyn gheziret myt stralen,
dat is Jhesus, der megede leff,
mynes herten wunskelgarde.

Ich trage in meines Herzens Grund
einen Stein, geziert mit Strahlen,
es ist Jesus, der Jungfrauen Liebe,
meines Herzens Wünschelrute.

2. We mit Jhesum kosen wyl,
de mot laten varen
der werlde ghenochte unde all er spel
unde nemen synes brodegames waren.

Wer mit Jesum kosen will,
der muß fahren lassen
der Welt Freuden und all ihrer Spiele
und nehmen seines Bräutigams Gut.

3. Jhesus is myn sote leff,
mynes herten wunschelgarde;
ik wil al mynes frunt
dorch one laten varen.

Jesus ist meine süße Liebe,
meines Herzens Wünschelrute;
ich will all meine Freunde
für ihn fahren lassen.

4. Dorch one wil ik laten varen
al de werlt ghemeyne;
he is de rose, de alle tyd bloyet,
des winters alse in dem meye.

Für ihn will ich fahren lassen
die ganze Welt allgemein;
er ist die Rose, die allezeit blüht,
im Winter wie auch im Maien.

5. Neyn man wete sik also klock
dat he der werlde betruwe!
we oren ghenoten myt vrouden denet,
se lonet one myt ruwen.

Niemand wähne sich so klug,
dass er der Welt vertraue!
Wer ihren Genüssen mit Freuden dient,
dem lohnt sie das mit Reue.

6. Lat se danßen, lat se spelen,
korte nechte bedriven;
we Jhesum geladen hefft,
den kan [neyn] unheyl bekliven.

Lass sie tanzen, lass sie spielen,
flüchtigen Genüssen nachgehen;
wer Jesus geladen hat,
dem kann kein Unheil anhaften.

7. Adde, du bedrechlike werlt,
ik wil my van dy scheden,

Ade, du betrügerische Welt,
ich will mich von dir scheiden,

up dat ik ewich rouwe mothe han nach dussem korten elende.	auf daß ich Ruhe finden kann nach dieser kurzen Verbannung.

8. Ik wil myn herte breken aff
myt hameren unde myt tangen
unde senden dat Jhesum in syn herte;
ik hope, he schul dat entfanghen.

Ich will mein Herz davon lösen
mit Hammer und mit Zange
und es senden an Jesus und in sein Herz;
ich hoffe, er wird es empfangen.

9. We! de Jhesum vunden han,
mot stedes vrolick bliven!
ik mot elende buten stan,

wes wil ik my nu vorbliden?

Weh! – die Jesus gefunden haben
dürfen stets fröhlich sein!
Ich aber muss elend draußen stehen,
woran will ich mich nun erfreuen?

10. Darumme wil ek ave lan
dorch myne drovicheyt wiken;

myn leff dat is van art so gut,
he let my nicht beswiken.

Darum will ich davon ablassen,
durch meine Betrübnis [von ihm] zu weichen;
mein Liebster ist von Art so gut,
er lässt mich nicht betören.

11. Is myn leff also gedan,
der werlt der mot ik sterven;
de frunt de mot stan,
ifft he sick my wil vorberghen.

Ist meine Liebe also beschaffen,
muss ich für die Welt sterben;
der Freund muss [beiseite] stehen
als ob er sich mir verbergen will.

12. Ifft ik dyt al vorsma,
doch mot ik syner bedarven;
ik mot mynes sulves to male uthgan,
de kan syne hulde vorwerven.

Wenn ich das alles verschmähe,
muss ich doch seiner bedürfen;
ich muss mich zumal meiner selbst entäußern,
so kann ich seine Huld erwerben.

13. Tribulacie is der leve spel;
daran wil ik my vorbliden:
dorch myn leff wil ik dreghen last
unde ome ghetruwe blyven.

Trübsal ist der Liebe Spiel;
daran aber will ich mich erfreuen:
Durch meine Liebe will ich die Last auf mich nehmen
und ihm getreu bleiben.

14. Den wech den hat he vorghegan, den wil ik overlyden; we mynem leve volghen wil, de mot vulstendich bliven.	Der Weg, den er vorangegangen ist, den will [auch] ich durchleiden; wer meinem Liebsten folgen will, der muss vollkommen bleiben.
15. Alse dusse winter geleden is, so klaret de sunne myt osten, my helpet de himmelsce keyserinne myt orem edelen forsten.	Wenn dieser Winter vergangen ist, dann strahlt die Sonne von Osten, mir hilft die himmlische Kaiserin mit ihrem edlen Fürsten.
16. Se let mik in des konniges hoff, mynes [herten] wunne, dar de anger grone steyt myt blomen dor gesprungen.	Sie lässt mich ein in des Königs Hof, [das ist] meines [Herzens] Wonne, da steht der Anger in vollem Grün mit Blumen durchsetzt.
17. De wyngarden synt dar wol ghebloyet, dar ruket de edelen violen, de roßen syn dar uppedan, de lilien blencket dar schone.	Die Weinstöcke stehen da in voller Blüte, da duften die edlen Veilchen, die Rosen sind dort aufgegangen, die Lilien leuchten dort gar schön.
18. Dar iß dat sote seydenspel der engele melodia; Jhesus schencket dar den levendighen dranck, unde sulven is he de leve.	Da klingt das süße Saitenspiel der Engel Melodie; Jesus schenkt aus den lebendigen Trank, und selbst ist er die Liebe.
19. Jhesus, du bloyende olyetwich, ... der leve strale, du wekest dat herte und schust den syn unde wundest dat herte ane quale.	Jesus, du blühender Ölzweig, ... der Liebe Strahl, du erweckst das Herz und schießt ab den Sinn und verwundest das Herz ohne Qual.
Amen.	Amen.

30. Christliche Tugenden

(1) Al frouden han ik
    oversworen,
hern Jhesum han ik
    utherkoren.
Her Jhesus, wat schal
    weßen myn lon,
dat ik so grot hebbe
    oversqworen?

(5) Ik wil dy eyne kronen geven,
de schal so wol gheziret syn:
De erst is othmodicheyt,
de ander is de kuscheit,
de drude is de
    fredesammicheyt,
(10) de IIII. is de maticheit.
De V. is de rechte dult,
de uns alle even kumpt,
de VI. de is d' horsammicheyt,
den got vor uns alle heylt.
(15) Got helt horsam went an
    den dot,
dar he uns alle hefft mede lost;
myn brut, myn trut, mynes
    herten ger,
nu tret hir an de vrouden myn.

Quod nec oculis videtur etc.

Allen Freuden habe ich
    abgeschworen,
Herrn Jesus habe ich
    auserkoren.
Herr Jesus, was soll mein Lohn
    sein [dafür],
dass ich allem so ganz und gar
    abgeschworen habe?

Ich will dir eine Krone geben,
der soll ganz schön geziert sein.
Die erste [Zier] ist Demut,
die andere ist die Keuschheit,
die dritte ist die Friedfertigkeit,

die vierte ist die Mäßigung.
Die fünfte ist die rechte Geduld,
die uns allen wohl ansteht,
die sechste ist der Gehorsam,
durch den Gott uns alle heilt.
Gott war gehorsam bis zum
    Tod,
damit hat er uns alle erlöst;
meine Braut, meine Vertraute,
    meines Herzens Begehr,
und empfange hier meine Freuden.

Was von keinen Augen geschaut
    wurde usw.

31. Der göttliche Freund

1. Sunte Agnete unde ik,
     gaude, gaude,
   we hebbet tosamde eyn sote
     leff.
     gaude cum caritate,
     gaude cum suavitate!

2. De is dorch de leve myn
     gaude, gaude,
   ghetreden van dem throne syn.
     gaude cum caritate,
     gaude!

3. He hefft geleden dorch unse
     not,
     gaude ... ,
   den swaren duren bitteren dot
     dot
   gaude cum ... !

4. Syn moter is eyn juncfrow
     fyn, gaude ... ,
   syn vader eyn schipper aller
     dinghe, gaude ... !

5. Den han ik my to frunde
     karen, gaude ... ,
   unde myne truwe ome
     ghesworen, gaude ... !

6. Wan ik on to frunde han,
     gaude ... ,
   so byn ik kusck unde
     wolghetan, gaude ... !

Sankt Agnes und ich,
  freue dich, freue dich,
wir haben zusammen eine süße
  Liebe.
Freue dich in Liebe,
freue dich und sei froh!

Er ist um meiner Liebe willen
  freue dich, freue dich,
herabgestiegen von seinem Thron.
Freue dich in Liebe,
freue dich!

Er hat gelitten wegen uns'rer
  Sünden,
  freue dich ... ,
den schweren, teuren, bitteren
  Tod
freue dich ...

Seine Mutter ist eine Jungfrau
  fein, freue dich ... ,
sein Vater der Schöpfer aller
  Dinge, freue dich ... !

Den habe ich mir zum Freunde
  erkoren, freue dich ... ,
und ihm meine Treue
  geschworen, freue dich ... !

Wenn ich ihn zum Freunde habe,
  freue dich ... ,
dann bin ich keusch und
  tugendhaft, freue dich ... !

7. He hefft sick vortruwet my,
   gaude ... ,
   myt eynem gulden vingerlin,
   gaude ... !

8. Wyl gy wetten, we he sy?
   gaude ... ,
   her Jhesus is de name syn,
   gaude ... !

9. Ik drage an dem hovede
   myn, gaude ... ,
   eyn rot syden crencelin,
   gaude ... !

10. Daran so schal ik dechtlik
    syn, gaude ... ,
    dat he jo myn leffeken sy,
    gaude ... !

11. He wil ok jo bringen my,
    gaude ... ,
    dar de straten gulden syn,
    gaude ... !

12. Dar schal ik schouwen dat
    ware lam, gaude ... ,
    dat neyne bevlekinge an sick
    nam, gaude ... !

13. Den wyl he den schenken
    den roden wyn, gaude ... ,
    de ut den wunden perset syn,
    gaude ... !

Er hat sich mir angetraut,
   freue dich ... ,
mit einem güld'nen Ringlein,
   freue dich ... !

Wollt ihr wissen, wer er ist?
   freue dich ... ,
Herr Jesus ist seine Name,
   freue dich ... !

Ich trage auf meinem Haupte,
   freue dich ... ,
ein rotes seidenes Kränzlein,
   freue dich ... !

Daher soll ich daran denken,
   freue dich ... ,
dass er ja mein Liebster ist,
   freue dich ... !

Er will mich auch dorhin bringen,
   freue dich ... ,
wo die Straßen golden sind,
   freue dich ... !

Da werde ich schauen das
   wahre Lamm, freue dich ... ,
das keine Befleckung an sich
   zuließ, freue dich ... !

Dann wird er einschenken den
   roten Wein, freue dich ... ,
der aus den Wunden gepresst ist,
   freue dich ... !

32. Frauentanz

1. Maria, de hefft eynen danß
so hoch an hymmelrike,
dar drecht se eynen kranß
rosen de weder suverlike,
dar uns wol na verlangen mach,
wat froude is [in hymmelrike].

Maria, die hat einen Tanz
hoch droben im Himmelreich,
dazu trägt sie einen Kranz
von Rosen, eine jede rein,
danach mag es uns wohl verlangen,
welche Freude ist im Himmelreich!

2. Maria, Maria, honigsem, etc
   de echten etc
Maria etc, koniginne,
   de wedewen etc,
Maria etc, koniginne etc,
   de junc[frouwen] etc,
Maria etc, koniginne etc.

Maria, Maria, du Honigseim, usw
   Chor der Ehefrauen usw
Maria usw, Königin,
   Chor der Witwen usw,
Maria usw, Königin usw,
   Chor der Jungfrauen usw,
Maria usw, Königin usw.

1. Maria, de hefft etc

Maria, die hat usw

(Die 1. Strophe wird wiederholt)

Der vollständige Text der 2. Strophe muß lauten:

2. Maria, Maria honigsem,
Maria koniginne,
help uns, eddele juncfrouwe fin,
dat we den danz vulbringhen.

Maria, Maria, du Honigseim
Maria, Königin,
hilf uns, du edle Jungfrau fein,
dass wir den Tanz vollbringen.

Die 2. Strophe dient als Reigentanz bzw. als Kehrvers. Die hier als Einschübe gekennzeichneten Textstellen sind offensichtlich Anweisungen. Der Kehrvers wird nacheinander von einzelnen Chören gesungen bzw. getanzt: zuerst von den Ehefrauen (de echten), dann von den Witwen, schließlich von den Jungfrauen. Danach folgt als Abschluss wieder die Strophe 1.

33. Neujahrslied

1. Vrouwet juk, kynder, alghemeyne,
uns hefft gheberet eyn juncfrouwe reyne
den schipper aller dingh,
dem so wyl wy vroliken singhen
tho dussem nyghen jar.

   Freut euch, ihr Kinder, allgemein,
uns hat geboren eine Jungfrrau rein
den Schöpfer aller Dinge,
dem wir nun fröhlich singen woll'n
zu diesem neuen Jahr.

2. To Bethleem in Davides erve
dar so steyteyn hus gemeyne werve
den luden alghemene,
dar in gheberde de juncfrouwe
to dussem nyghen jare.

   Zu Bethlehem in Davids Erbstadt
da steht ein Haus als schlichte Herberge
für allerlei Leute,
darin gebar die Jungfrau rein
zu diesem neuen Jahre.

3. Do dat kyndelyn wart ghebaren,
de wart versonet des ewighen vaders torne.
de duvel moste wiken,
und wart gheopent dat hemmelrike – tho

   Als das Kindlein geboren ward,
da ward versöhnt des ewigen Vaters Zorn.
Der Teufel musste weichen,
uns ward geöffnet das Himmelreich – zu ...

4. De engel uth dem hoghesten tron,
de sunghen dem kynde to lave schone:
ere in der hoge!
de bodeschop horden de herde sunder loghen – to

   Die Engel von dem höchsten Thron,
die sangen zum Lob des Kindes gar schön:
Ehre in der Höhe!
Die Botschaft hörten die Hirten ohne Trug, – zu ...

5. O Maria, moder unde reyne maghed,
alße uns de scrifft warliken saghet!

   O Maria, Mutter und reine Magd,
wie uns die Schrift wahrlich sagt!

Maria mit groten eren
anbedede ere kynd, goddes
   sone, oren heren – tho
	Maria mit großer Ehrfurcht
	Sie betete an ihr Kind, Gottes
	   Sohn, ihren Herrn – zu ...

6. Josep de dede na jodeschen
   seden,
he halde dar Salome unde
   Zebel mede,
de bademomen beyde,
Marien to hulpe in des kyndes
   arbeyde – tho
	Joseph, der tat nach jüdischer
	   Sitte,
	er holte Salome und mit ihr Zebel,
	
	beide als Hebammen,
	um Maria zu helfen in den
	   Geburtswehen – zu ...

7. Zebel vant by rechter lere,
wo Maria eyn reyne maged were
unde kyndes moder mede;
se rep: Dat is baven de nature
   sede – to
	Zebel befand bei rechter Prüfung,
	dass Maria eine reine Jungfrau sei
	und dazu Mutter eines Kindes;
	sie rief: das ist wider alle Art
	   der Natur – zu ...

8. Salome de lovede des
   wunders nicht,
se war ghelemet durch sunde
   plicht;
in al oren ledden
se moste dorch gesuntheyt dat
   kynt anbeden – tho
	Salome glaubte das Wunder nicht,
	
	sie wurde gelähmt zur Strafe für
	   ihre Sünde;
	in diesem ihrem Leiden
	musste sie zu ihrer Genesung das
	   Kind anbeten – zu ...

9. Do de herde quemen myt
   grotem vorlangen
to Betlehem in dat hus
   geganghen
al to des kyndes weghen,
vor der kruppeken begunden
   se to nighende – tho
	Da kamen die Hirten mit
	   großem Verlangen
	nach Bethlehem in das Haus
	   hineingegangen
	wohl zu des Kindes Wiege,
	vor dem Kripplein begannen sie,
	   sich zu verneigen – zu ...

10. Se laveden dat kyndelin
   mit grotem schalle,
se blesen or horne in dem
   elenden stalle,
	Sie lobten das Kindlein mit
	   großem Jubelschall,
	sie bliesen ihre Hörner in dem
	   elenden Stall,

Marien wart gevrouwet,
dat was eren eyn kolder dowe –
   tho
	Maria ward erfreut,
	das war ihr wie ein kühler Tau –
	   zu ...

11. He wart ghelecht an eyn kruppelin, de dere bekenden den schipper syn; se boden ome ere kynder, dat schulle gy alle leren – tho	er ward gelegt in ein Kripplein, die Tiere erkannten ihren Schöpfer; sie boten ihm ihre Jungen dar, das soll euch allen ein Vorbild sein – zu ...

12. Na Moyses ee an den manliken leden
des achten daghes war dat kynt besnedden,
syn name wart ome ghegeven:
Jhesus, des schull gy loven –
   tho
	Nach Moses' Gesetz an dem männlichen Glied
	ward am achten Tag das Kind beschnitten,
	sein Name ward ihm gegeben:
	Jesus, das sollt ihr glauben –
	   zu ...

13. De hilghen dre konnigh uth dem ostenlande sochten dat kyndelyn, wente se got dar sande myt offerliken eren; den wech konde en eyn sterne leren – tho	Die heiligen drei Könige aus dem Morgenland suchten das Kindlein, denn Gott hatte sie dorthin gesandt, um es mit Opfergaben anzubeten; den Weg konnte ihnen ein Stern weisen – zu ...

14. To Jerusalem na verdich daghen
brochten se dat kyndelyn gedraghen,
Josep unde Marien,
in den tempel to benediende –
   tho
	Nach Jerusalem nach vierzig Tagen
	trugen sie das Kindlein,
	
	Joseph und Maria,
	um es im Tempel segnen zu lassen
	   – zu ...

15. Symeon unde Anna, goddes frunde beyde, se mochten van hir nicht scheden	Simeon und Anna, beide Freunde Gottes, sie wollten aus dieser Welt nicht scheiden

ut des hilghen geystes lere,
se hedde ersten Christum geschuowet unde geeret –
to dus

16. Dat kynt droch Symeon in synem arme,
he rep: here Jhesus Christ, wil dy erbarmen
unde giff unß dynen vrede,
du hefft vorvullet myn begher – tho

17. Do Herodes horde desse mere,
wo dar eyn nighe konnigh baren were
to dem jodeschen lande,
he vruchte sick sere vor schaden unde vor schande – tho

18. Josep uth des engels vorstande
vloch vil schire in Egipten lande
mit Jhesu unde Marien;
se mosten dat jodesche seven jar vortyghen – tho

19. Do de seven jar umme weren,
do mosten se wedder to lande keren
al uth des enghels lere,
tho Nazareth mosten se sick henne keren – tho

gemäß des Heiligen Geistes Kunde,
bevor sie nicht Christus hätten geschaut und angebetet –
zu diesem ...

Simeon nahm das Kind auf seine Arme,
er rief aus: Herr Jesus Christ, wolle dich erbarmen
und gib uns deinen Frieden,
du hast erfüllt meine Begehren – zu ...

Als Herodes diese Botschaft vernahm,
dass da ein neuer König geboren wäre
in dem jüdischen Lande,
da fürchtete er sich sehr vor Schaden und vor Schande – zu ...

Joseph, nach des Engels Weisung

floh geschwind ins Ägyptenland

mit Jesus und Maria;
sie mussten das jüdische [Land] sieben Jahre meiden – zu ...

Als die sieben Jahre vorüber waren,
mussten sie wieder ins [Heimat-] Land zurückkehren
gemäß der Weisung des Engels,
nach Nazareth mussten sie sich hinbegeben – zu ...

20. Broder Conrat dem is wolghelunghen, he is nu wedder in de kappen sprunghen gar hemeliken stille, he hefft dat ghesunghen dor Marien willen – tho	Bruder Conrad ist dieses Lied wohl gelungen, er ist nun wieder in die [Mönchs-] Kutte geschlüpft gar heimlich und still, Er hat das Lied gesungen um Marien willen – zu ...
21. De wil de rosen werpen an de hecke unde wil synen platten anders bedecken myt Jhesu rodem blode unde wil syne sunde numer (?) behuden – tho	Er will die Rosen an die Hecke werfen und seinen Kopf anders bedecken mit Jesu rotem Blute und will an seiner Sünde nimmer festhalten – zu ...
22. Islik ghedencke syn eghen levent, dat he syne sunde to tyden beghevet, so broder Cunrat dede, unde lave Jhesum unde Marien mede to dussem nighen jar.	Ein jeder bedenke sein eig'nes Leben, dass er seine Sünde beizeiten aufgibt, wie Bruder Conrad es tat und lobe Jesum zusammen mit Maria zu diesem neuen Jahr.

34. Trugwelt

1. Drochwerlt,
myk gruet vor dyn wesent.
wur sint ja nu de resen,
de dar nesen nicht enkonden?
se synt so gar vorswunden,
des drove ik myk.
we motten al up de sulven strate.
konden we uns nu saten

unde meten de lenghe!
de wech is wyd unde enge,
gar wunderlik.
de synt dot,
de ere tyd ghelevet han
nach der werlde lope.
help uth nod, Christ,
de duldich werst
an des cruces rope.
wor vinde we nu to kope
de dope, de ruwe,
wente ik mot ewich schouwen
al myne schult?

2. Des [were] wol tyd
dat ik bedechte,
wo ik wisliken brechte,
to rechte myn levent.

he kumpt, de uns wel geven
eyn ewich lon
na allen werken
unde [ok na worden],
nach dem strenghen orden.
den orden ik vruchte,

Trügerische Welt,
mir graut vor dir!
Wo sind denn nun die Mächtigen,
die da nicht genesen konnten?
Sie sind so ganz verschwunden,
darüber betrübe ich mich.
Wir müssen alle auf dieselbe Straße.
Könnten wir uns nur ruhig niederlassen
und abmessen die Länge!
Der Weg ist weit und eng,
gar seltsam.
Die sind tot,
die ihre Zeit gelebt haben
nach der Welten Lauf.
Hilf aus der Not, Christe,
der Du geduldig warst
an des Kreuzes Holz.
Wo können wir nur erwerben
die Buße, die Reue,
da ich doch ewig schauen muß
all meine Schuld?

Es wäre wohl an der Zeit,
dass ich darauf bedacht bin,
wie ich gewisslich es dazu brächte,
mein Leben in Ordnung zu bringen.

Er kommt, der uns geben will
ewigen Lohn
gemäß all [unserer] Taten
und auch Worte,
nach der strengen Satzung.
Diese Satzung fürchte ich,

ik beve unde ok ik suchte	ich bebe und seufze
al sulken torn.	vor solchem Zorn.
went he myk wecket	Wenn er mich erweckt
ut der erde graff,	aus der Erde Grab,
dar ik lach beschuret,	darin ich bedeckt lag,
so mot ik vor	dann muss ich vor
des starcken konniges krafft,	des großen Königs Allmacht,
de dar ewich duret.	die da ewig dauert.
werde ik dar besuret,	Werde ich dort übel aufgenommen,
so truret myn herte.	dann trauert mein Herz.
de uns schop, dorch syne hulpe	Er, der uns schuf, durch seine Hilfe
wol helpen mach.	[uns] wohl zu helfen vermag.
3. Help, moder, konnighinne reyne,	Hilf, Mutter, du reine Königin,
du byst de alleyne,	du bist ja allein die,
de ik meyne myt truven.	die ich verehre in Treue.
du most uns ewich vrouwen	Du musst uns ewig froh machen
nach soter lust.	nach süßer Lust.
du byst de uterkoren werde;	Du bist die Auserkorene geworden;
himmelryk unde erde	Himmelreich und Erde
du kerdest tho [den] vromen,	wandtest du den Frommen zu,
do Christus wolde kamen	da Christus kommen wollte
to dyner brust.	an deine Brust.
do Got upsclot	Als Gott aufschloss
syne hilghen drevaldicheyt	seine Heilige Dreifaltigkeit
alse myldichliken,	in seiner großen Güte,
he dar utgotd	da goss er aus
synen hymmelschen schatd	Seinen himmlischen Schatz
alse duldichliken.	aus Mitleid.
lad uns nicht enwiken	Entziehe uns nicht,
dynen licham	[Christus,] Deinen Leib
in unser lesten,	in unserer letzten [Stunde],
wan unse zele mod gesten	wann unsere Seele zu Gast sein muss
an vromde lant.	in fremdem Land.

35. Das himmlische Haus

1. Myn herteken is van sorghen vri,
dat wel by gode blyven;
Jhesus wel darinne syn,
den bosen geyst vordriven.

2. He wel darinne maken eyn hus
van claren eddelen stenen,
de muren schult jo vaste syn
van claren elpenbenen.

3. Dat ertrike schal violen syn,
dat dack van roden roßen;
Jhesus wel darinne
myt synem leveken koßen.

4. O eddele herteken, mack dick vri
unde hod dick vor bedregede:
de werlt is gar drogenlick,
se lonet uns myt sure.

Mein Herz ist von Sorgen frei,
das will bei Gott bleiben;
Jesus will darinnen sein,
den bösen Geist vertreiben.

Er will darin bauen ein Haus
von reinen Edelsteinen,
die Mauern sollen gar fest sein
aus reinem Elfenbein.

Der Estrich soll aus Veilchen sein,
das Dach von roten Rosen;
Jesus will darinnen
mit Seinem Liebchen kosen.

O edles Herze, mach dich frei
und hüte dich vor Betrügerei:
Die Welt ist gar betrügerisch,
sie entlohnt uns mit Bitterkeit.

36. Weihnachtsjubel

1. Do de tyd wart vullenbracht,
ecce mundi gaudia !
do bewisede god syne krafft,
sine fine leticia !
O virgo Maria,
tu es plena gracia;
pie pie sose nunne so,
mater Jhesu make uns vro!

Als die Zeit erfüllt war,
o Freude der Welt!
da erwies Gott seine Stärke,
o Jubel ohne Ende!
O Jungfrau Maria
du bist voll der Gnade;
still, still, suse nunne so,
Mutter Jesu, mach uns froh!

2. Dor stunt eyn ezel unde eyn rinth,
ecce mundi gaudia !
dar wart gheboren dat leve kynt,
sine fine leticia !
O virgo Maria,
tu es pl[ena] gr[acia]
pie ut supra

Da stand ein Esel und ein Rind
o Freude der Welt!
da ward geboren das liebe Kind,
o Jubel ohne Ende!
O Jungfrau Maria
du bist voll der Gnade;
still (wie oben)

3. Do dat kynt gheboren wart,
ecce mundi gaudia !
do en haddet neynen wyndeldock,
sine fine le[ticia] !
O virgo ...

Als das Kind geboren ward,
o Freude der Welt!
da hatte es kein Windeltuch,
o Jubel ohne Ende!
O Jungfrau ...

4. Josep toch syne hoseken uth,
ecce mundi gaudia !
unde makede dem kynde eyn wyndeldock,
sine fine le[ticia] !
O virgo ...

Joseph zog seine Hosen aus,
o Freude der Welt!
und machte dem Kind ein Windeltuch [daraus],
o Jubel ohne Ende!
O Jungfrau ...

5. Se operdendem kynde eyn
     grote solt,
ecce mundi gaudia !
wirock, myrren unde golt,
sine fine le[ticia] !
O virgo ...

6. Se nam dat kynt by ore hant,
ecce mundi gaudia !
unde vorede dat in Egiptenlant,
sine fine le[ticia] !
O virgo Maria,
tu es pl[ena] gr[acia].

Sie (die Könige) opferten dem
     Kind eine große Gabe,
o Freude der Welt!
Weihrauch, Myrrhe und Gold,
o Jubel ohne Ende!
O Jungfrau ...

Sie nahm das Kind an ihre Hand,
o Freude der Welt!
und führte es in das Ägyptenland,
o Jubel ohne Ende!
O Jungfrau Maria,
du bist voll der Gnade.

Weihnacht, Ausschnitt aus dem Hauptaltar, um 1519

37. Das Wunder von Bethlehem

1. Gheeret sistu, werdighe dach,
den Abraham so vrolich sach
vyl mannich jaren tovaren,
in dem wy alle vorluchtet syn.
we vor en den enen kynder,
do Jhesus wart gheboren.

Gepriesen seist du, ehrwürdiger Tag,
den Abraham so froh [vorher]sah
manch viele Jahre zuvor,
an dem wir alle erleuchtet wurden,
mehr als je zuvor von einem Kind,
da Jesus geboren ward.

2. Wynachten mannich munt vulsprak,
so de salighe dach anbrack
to der myddennach gar clare;
de vorborghen de vrouden sick,
se loveden gode van hymmelrick
in eyner groten scare.

Weihnachten erfüllte manchen Mund [mit Lob],
als der selige Tag anbrach
um Mitternacht gar strahlend;
die Unsichtbaren (Engel) freuten sich,
sie lobten Gott vom Himmel her

mit einer großen Schar.

3. (De tyd hefft vorluchtet alle daghe.)
Got hefft dar up ghebuet gar
alle syne fest, dat is war,
nu market, wat ik ju wil saghen;
do got syne mynscheyt to sik nam,
alle othmot dar to samende kam
in wunderlike wage.

(Diese Stunde hat erhellt alle Tage.)
Gott hat darauf erbaut sein
ganzes festes Reich, das ist wahr,
nun merket auf, was ich euch sagen will:
Als Gott seinen menschlichen Leib annahm,
da zeigte sich alle nur denkbare Demut
auf wunderbare Weise.

4. De ware loser messias,
syn munt van sulken wunder laß.
dat enschut uns nummer mere,

Der wahre Erlöser und Messias,
jeglicher Mund verstummt vor solchem Wunder.
Solche Botschaft erfahren wir nimmer mehr,

dat eyn reyne juncfrouwe clar	dass eine reine Jungfrau auf solche Weise
des ewigen godes moder wart,	des ewigen Gottes Mutter wurde,
dat was eyn tyd der ere.	das war eine erhabene Stunde.
5. Also de sunne schint dorch dat glas,	Wie die Sonne scheint durch das Glas,
dat dar nu vorbroken was,	das dadurch nicht zerbricht,
so kam got dorch den tempel de reyne maghet ane we,	so kam Gott durch den Tempel der reinen Magd und ließ sie unversehrt,
de vor ghegrotet was: ave,	die vorher gegrüßt ward mit: Ave,
got beldet was de tempel.	als sie von Gott zum Tempel gebildet ward.
6. In oriente vorgesacht,	Im Morgenland vorausgesagt:
wan up dem berge eyn sterne upgeyt,	Wenn über dem Berge ein Stern aufgeht,
so is god mynsche [*worden*]	dann ist Gott Mensch geworden,
dat wart jo war, got hebbe loff!	das war ganz sicher wahr, Gott sei gelobt!
de sterne gingh so vrolich up,	Der Stern ging so freudevoll auf,
do Christus wart gheboren.	da Christus geboren ward.
7. Do ginghen up dre sunnen clar	Da gingen auf drei helle Sonnen
gar mildichliken, dat is war,	gar lieblich mild, das ist wahr,
to Bethlehem so schone.	über Bethlehem so schön.
got mynsche zele unde dre doch eyn	Gott ward Mensch, in seiner Dreiheit doch einer,
de gnadenrike sunne dorchscheyn:	durch den die gnadenreiche Sonne hindurchscheint:
Christ is uth der juncfrowen ko[*men*].	Christ ist aus der Jungfrau hervorgegangen.
8. De hymmelkonnigh wart gheleyt	Der Himmelskönig ward niedergelegt
ghewunden an eyn oldet clet.	gewickelt in ein elendes Kleid.
mynsche, an den othmot schouwe!	O Mensch, sieh an diese Demut!

samit, bunt warck dat was dar dure,
eyn olt dat kruppeken was syn schur,
syn beddeken was houwe.

9. (Allen armot ik an den he'n,

unde) vorgenlik ere unde erdesc gud,
de dreven dar neyn overmot
al by dem zaligen kynde,
do mer vorginch vel drade de e,

de vorghegeven was Moyse,
recht so de sne al vor dem soten wynde.

10. De enghel vrouden sick der mere
unde sunghen middenandere myd ludichlikem schalle:
Gheeretsy in der hoge god,
vrede op der erden sunder spot myt gudem willen alle.

11. Wo mochte ore do to mode syn,
der hymmelschen konnighinne,
do se oren leven sone leyde in oren wegeliken schot,
dat junghe kynt, den olden got,
or munt van wunder sede!

12. (Wur nu eyn romesch konnigh wart gheboren,)
Puer natus est! so synget me dare
unde lovet dat kynt myt groter schare,
noch virt me dar thovoren.

Daher – Bunt-Gewirktes, das war hier teuer –
wurde ein elendes Kripplein seine Herberge.
Sein Bettchen bestand aus Heu.

(Jegliche Armut entdecke ich an ihm

und) vergängliche Ehre und irdisch Gut,
die betrieben dort keinen Übermut wohl bei dem seligen Kinde.
Vielmehr verging alsbald das Gesetz,

das vorgegeben war von Moses,
grad so, wie der Schnee vor dem linden Winde.

Die Engel freuten sich über die Botschaft
und sangen miteinander mit lautem Schalle:
Ehre sei in der Höhe Gott,
Friede auf Erden ohnegleichen allen Menschen mit gutem Willen.

Wie mochte ihr da zumute sein,
der himmlischen Königin,
als sie ihren lieben Sohn legte in ihren mütterlichen Schoß,
das junge Kind, den alten Gott,
ihr Mund kündet von Wundern.

(Als nun ein römischer König geboren ward,)
»Ein Kind ist geboren!«, so singen wir deshalb
und loben das Kind in großer Schar,
wie man noch nie zuvor darbot.

vyl nochlik isset, dat wy eren de reynen bort unßes heren: he hat uns uterkoren.	sehr erfreulich ist es, zu ehren die reine Geburt uns'res Herren: Er hat uns auserkoren.
13. Eret ok de reynen kuscken amme, van der dat [kynt] syne spise nam. (god ritder in de werlde quam,) alle de van dem hogesten stam; do got ingink van Israhel, he sprak: myn frucht Emanuel van dynes kyndes flamme.	Preiset auch die reine keusche Amme, von der das Kind seine Speise nahm. (Gott als Ritter in die Welt kam,) und die von allerhöchster Abstammung ist; als Gott einkehrte in Israel sprach er: Meine Frucht ist der Emmanuel von deines Kindes Flamme.
14. Augustus de sach eynen schyn: eyn maghet unde eyn kydelyn de seten in eynem sterne. he sach in dat fermament ho, he vorscrak unde sprak also: dut wunder wuste ik gerne.	Augustus sah ein helles Licht: eine Magd und ein Kindlein saßen in einem Sternenkranz. Er blickte hinauf zum Firmament, er erschrak und sprach also: Dieses Wunder hätte ich gerne gedeutet.
15. (Tohant wart ome eyn antwort dar gegewen:) keyser, dat du hast ghesen, dat wunder is vorware schen, dat schastu marken even: dat sulve kynt is godes sone, den hat geberet eyn juncfrowe schone, syn is dat ewige levent. Amen.	(Sogleich ward ihm eine Antwort gegeben:) Kaiser, solches hast du gesehen, das Wunder ist fürwahr geschehn, das sollst du dir wohl merken: Eben dieses Kind ist Gottes Sohn, ihn hat geboren eine Jungfrau schön, Sein ist das ewige Leben. Amen.

38. Die geistliche Mühle

1. Eyne molen ik buwen wil,
ach god, wust ik wur[mede],
hedde ik hantgherede
unde wuste wurvan,
tohant so wol ik houwen an.

Eine Mühle ich bauen will,
ach Gott, wüßt' ich, womit,
hätte ich Werkzeug
und wüsste wofür,
sogleich wollte ich wohl anfangen.

2. To holte wil ik varen hen,
de walt de en is nicht verne,

hulpe hedde ik gerne,
de de wusten al,
wü me de hogen bome
    vellen schal.

Zum Holzschlagen will ich fahren,
der einzig mögliche Wald ist nicht
    fern.
Hilfe hätte ich gerne
[von Leuten,] die wohl wüssten,
wie man die hohen Bäume fällen
    soll.

3. De wolt de het sik Libanus,
dar wasset sedewer scheyre,
sipressen van dem rivere
unde palme stolt,
noch love ik libanus
    das nutte holt.

Der Wald, der nennt sich Libanon,
da wachsen glatte Zedern,
Zypressen am Flußufer
und stolze Palmen,
so sehr lobe ich vom Libanon
    das Nutzholz.

4. Meyster hoch, van kunsten
    wis,
du most my synne geven:
houwen, snoren even
unde voghen sclicht,
so werd de mole wol berichtet.

Hoher Meister, in den Künsten
    erfahren,
du musst mir Verstand geben:
Hauen, nach der Schnur glätten,
und glatt fügen,
so wird die Mühle wohl gerichtet.

5. Moyses nu wes darby,
den understen steyn berichtet,
dat he lichge dichte;
so drech he swar,
de olde ee, de mene ik dar.

Moses war auch dabei,
hat den untersten Stein gerichtet,
dass er fest liege;
denn er trägt schwere Last,
die alten Gesetze meine ich damit.

6. De nigen e, den oversten steyn,
den legge ik up den alden,
dat he lope balde
nach tes mesters kunst;
de driff dat is [des] hilgen geystes gunst.

Das neue Gesetz, den obersten [Mahl]stein,
den lege ich auf den alten,
dass er richtig laufe
nach des Meisters Kunst;
das Getriebe ist des Heiligen Geistes Gnade.

7. Gregorius, Ambrosius,
Jeronimus myt Augustine
waret gy de rine
unde dat kamrat,
myt kemmen wol berichtet dat.

Gregorius, Ambrosius,
Hieronimus und Augustinus,
sie waren die Eisen (am oberen (Mahlstein) und das Kammrad,
mit den Zinken ist das (Laufwerk) wohl ausgerichtet.

8. Gy twolff apostel hir gat vor
unde maket de molen gande,
dat se nich blive bestade.
gy synt gesant
to malende over alle dat land.

Die zwölf Apostel gehen hier voran
und machen die Mühle gangbar,
dass sie nicht stehenbleibe.
Sie sind gesandt,
zu mahlen über das ganze Land.

9. Geon, Fison, Effrates,
Tigris, gy fleten vere,
gy schonen rivere,
gevet waters genoch
unde pleget der molen
ere ghevoch.

Geon, Phison, Euphrat,
Tigris, die vier Flüsse,
die schönen [Paradies-]Ströme,
spenden Wasser genug
und versorgen das Gefüge der Mühle.

10. Eyn juncfrouwe hadde eyn seckelin
myt [weyten] wol ghebunden,
na den vorsproken stunden
to der molen se quam,
eyn prophete dat vornam.

Eine Jungfrau hatte ein Säcklein
mit Weizen, sorgsam zugebunden,
zur festgesetzten Stunde
kam sie zu der Mühle,
das vernahm ein Prophet.

11. Isaias hir langhe bevoren,
he hefft dar van ghescreven,

Isaias schon lange vorher
hat drüber geschrieben,

wu uns worde gegeven eyn juncfrouwe wert, se hefft eynes kyndes gheberet.	wie uns gegeben wurde eine hochgeschätzte Jungfrau, sie hat ein Kind geboren.

12. Syn name de [het] sick
    got myt uns,
den we alle loven.
gnedeliken van boven
he to uns quam,
des vrowet [sick] vrouwe
    unde man.
	Sein Name nennt sich:
	    »Gott-mit-uns« (Emmanuel),
	den wir alle loben.
	Voll Gnade kam er von oben
	zu uns herab,
	des freuen sich Frau und Mann.

13. Der propheten is so vele, de dar aff hebben ghesunghen, wu uns is gelungen van godes krafft, dat gheschach an myddernacht.	Der Propheten sind gar viele, die davon gesungen haben, wie uns das gelungen ist mit Hilfe von Gottes Kraft, das geschah zur Mitternacht.

14. Gy ver ewangelisten, alle
    vere,
gy moget dar wol up trachten,
wu gy wisliken wachten
dat seckelin,
wente dat brachte eyn
    juncfro fyn.
	Die vier Evangelisten, alle viere,
	    [ten,
	die mochten wohl danach trach-
	wie sie gewissenhaft bewachten
	das Säcklein,
	als das herbeibrachte eine
	    Jungfrau fein.

15. Mattheus lose up den sack, get ut en godes namen unde lere uns allen samede, du bist geleret, wu godes sone mynsche wart.	Matthäus, binde auf den Sack, schütte ihn aus, in Gottes Namen und lehre uns alle zusammen, wie du gelehrt wurdest, wie Gottes Sohn Mensch wurde.
16. Lucas rit den sack entzwey, get up de molen, lat vriuen, du kanst wol bescriven dat ouer grot, wu he dar na let den dot.	Lukas, reiß den Sack entzwei, geh zur Mühle, laß mahlen, du kannst wohl beschreiben das große Opfer, wie er später erlitt den Tod.

17. Marcus, sterke louwelin,
get up de molen, lat scraden.
wu he upstunt van dode,
wu dat geschach,
dat repestu an dem osterdach.

18 Johannes, arne van hoger flucht,
du hefft gescreven de lere
der himmelvart unsres heren
gans openbar;
des helpe uns got,
   dat we komen dar.

19. De mole de geyt, se is bereth,
de nur schir wil malen.
de schal here halen
syne korneken reyne,
so wert id ome malen klene.

20. Pawes, keyser, predeker,
waret gy de molen even,
dat se moghe geven
mel unde molt,
darvan so wert juck riken solt.

21. We syne zele spisen wel,
de schal sick here snellen

to dusser molen sellen;
se is bereyt,
se malet unde matet nich dat vorplicht.

Markus, starker junger Löwe,
geh zur Mühle, lass schroten.
Wie er aufstand vom Tode,
wie das geschah,
das riefst du am Ostertag.

Johannes, Adler in hoher Luft,
du hast geschrieben die Botschaft
der Himmelfahrt unseres Herren
und hast sie ganz geoffenbart;
dazu verhelfe uns Gott,
   dass wir dorthin gelangen.

Die Mühle geht, sie ist bereit,
sie will immer nur mahlen.
Ein jeder soll herbei holen
seine reinen Körnlein,
so wird sie es ihm kleinmahlen.

Papst, Kaiser, Prediger,
bewahrt die Mühle immerdar,
dass sie geben kann
Mehl und Malz, soviel
davon, dass es euch reichen sollte.

Wer seine Seele speisen will,
der soll sich schnell hierher begeben
zu dieser Mühle;
sie ist bereit,
sie mahlt und misst nicht das Entgeld.

39. Wienhäuser Klosterregeln

1. Ut Jhesus Christus dominus
laudetur horis omnibus,
synt alle closter sticht
conc[ordes federe].
Sed hec per observantiam
virtutisque constanciam
synt from und anders nicht,
ergo: [kyrie eleison].

Auf daß der Herr Jesus Christus
gelobt werde zu allen Stunden
sind alle Klöster gestiftet worden
in einträchtigem Bund.
Aber durch Ehrerbietigkeit und
Beständigkeit in der Tugend
sind sie fromm und nicht anders,
darum: [Herr, erbarme dich.]

2. We wilt in rechtem
    horsamme leven
tho Wynhußen, liff zele geven
Christo perpetue
concordes federe.
Unser eyndracht syn wy dicke
    vro.
got lone one, de uns helpet dato,
semper sic vivere,
ergo: kyrie [eleison].

Wir wollen in rechtem Gehorsam
    leben
in Wienhausen, Leib und Seele
Christus auf immer geben
in einträchtigem Bund.
Unserer Eintracht sind wir sehr
    froh.
Gott lohne dem, der uns dazu
verhilft, immer so zu leben,
darum: Herr, [erbarme dich.]

3. Virtutis ad preludium
fit artis nobis studium;
wol ome,, de de scrifft vorstan
concordes federe.
Quo sine stat in ocio
claustralis heu devotio
nicht leren is ovel dan,
ergo: kyrie [eleison].

Zur Einführung in die Tugend
gelte uns das Studium der Kunst;
wohl dem, der die Schrift versteht
in einträchtigem Bund.
In Müßiggang verweilen ohne
klösterliche Demut - o weh! - und
(das) nicht lernen, ist übel getan,
darum: Herr, [erbarme dich].

4. Res nulla nobis propria,
vita sed apostolica,
so alle lerer wilt
concordes federe.
Sed hec proprietarie
virgines sunt ut fatue
de [god] vordomet schilt,
ergo: kyrie [eleison].

Nichts ist uns zu eigen,
doch ein apostolisches Leben,
das wollen alle lernen
in einträchtigem Bund.
Aber jene, die nach Besitz streben,
sind wie die törichten Jungfrauen,
die Gott als verdammt schilt,
darum: Herr, [erbarme dich].

5. Fac ergo deus omnia
claustralis ut sit observancia,
so diet der closter werff
concordes federe.
Quo sine rerum copia
mortalis fit inopia,
der closter gans vorderff,
ergo: kyrie [eleison].

Daher bewirke, Gott, dass überall
klösterliche Zucht herrsche,
dann gedeiht des Klosters Handeln
in einträchtigem Bund.
Ohne Gehorsam wird materieller
Wohlstand zu tödlicher Not,
der das Kloster ganz verdirbt,
darum: Herr, [erbarme dich].

6. O simus ergo, virgines
in Wynhußen pervigiles
to der ewighen werschop hen
concordes federe.
Post mortem ut petissique
Marie simus Christique,
des help uns got,
[ergo: kyrie eleison].
Amen.

O seien wir also wachsame (kluge)
Jungfrauen in Wienhausen
in Erwartung der ewigen Herberge
in einträchtigem Bund.
Dass wir nach unserem Tode
Dienerinnen Mariens und Christi
werden, dazu helfe uns Gott.
[darum: Herr, erbarme dich].
Amen.

40. Gruß an Maria

1. Ave Maria roßenblat,
aller engel eyn krone,
du bist dat dure balßem[vat]
got an synem trone,
an hymmelrike eyn
   konninginne,
aller sunder eyn trosterinne,
eyn spegel aller juncfrouwen.

Ave Maria, du Rosenblatt,
aller Engel eine Krone,
du bist das kostbare Balsamgefäß
bei Gott an seinem Throne,
im Himmelreich eine
   Königin,
allen Sündern eine Trösterin,
ein Spiegel für alle Jungfrauen.

2. Dyne hulpe de sind grot,
help uns, Maria, uth al unser
   not,
wan we synt bedrovet,
de arseengel, do he to dy kam,
he sprak: Du schalt eyn kynt
   enfan
unde eyn juncfrau bliven.

Deine Hilfe, die ist groß,
hilf uns, Maria, aus all unsrer
   Not,
wenn wir bedroht sind.
Der Erzengel, der zu dir kam,
der sprach: du sollt ein Kind
   empfangen
und [doch] eine Jungfrau bleiben.

3. Dat was aller engel rat,

de dick uterkoren [hat]
al van ambeginne.
du bist plena gra[tia],
alse we horen syngen.

Das war [über] allen Engeln der
   Ratschluß [dessen],
der dich auserkoren hat
schon von Anbeginn [der Welt].
Du bist voll der Gnade,
also hören wir singen.

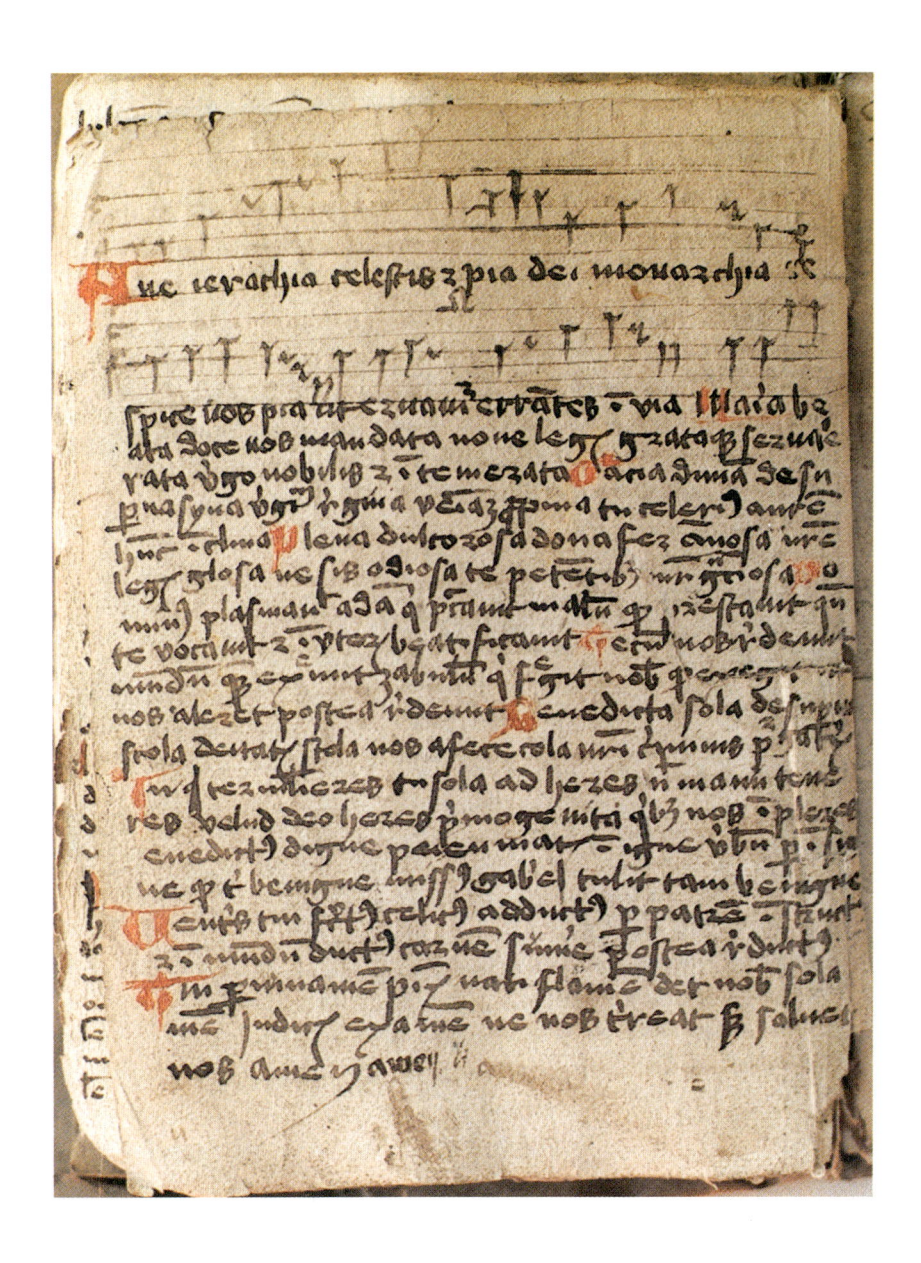

Ave ierachia, Blatt 31b

Ave ierachia

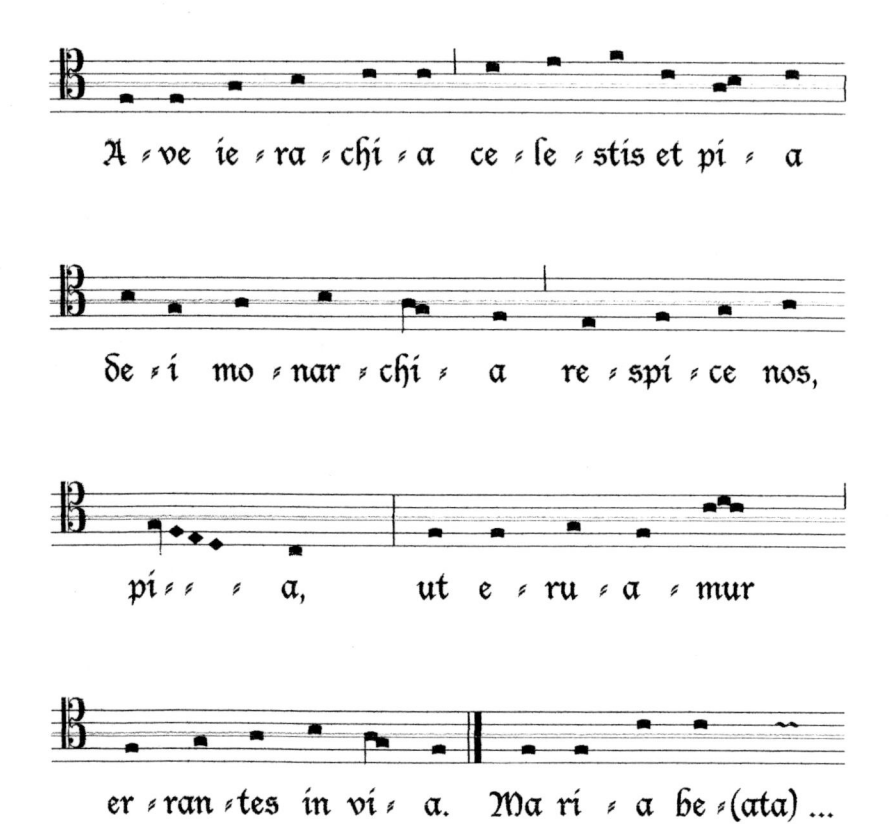

Ave ierachia celestis et pia dei monarchia respice nos, pia, ut eruamur errantes in via. Maria be(ata) ...

41. Ave Hierarchia

1. Ave ierachia
celestis et pia
dei monarchia,
respice nos, pia,
ut eruamur
errantes in via.

2. Maria beata,
doce nos mandata
nove legis grata,
quos servare rata,
virgo nobilis
et intemerata.

3. Gracia divina
de superna syna,
virginum regina,
venias, propina
tu, celerius,
aurem hunc inclina.

4. Plena dulcorosa
dona, fer annosa
nostre legis glosa,
ne sis odiosa
te petentibus,
mater graciosa.

5. Dominus plasmavit
adam, qui peccavit
malum, quod restavit;
quando te vocavit
et in utero
beatificavit.

6. Tecum nos redemit,
mundum, quem exemit
zabulum, qui fregit,
nobisque eregit;

Gegrüßet seist du, heilige Fürstin
des Himmels und milde
göttliche Herrscherin,
sei unser bedacht, du Gütige, dass
wir [dem Bösen] entrissen werden,
wenn wir in die Irre gehen.

Heilige Maria,
lehre uns die wohltuenden Gebote
des neuen Gesetzes
[und hilf] uns, sie zu beachten,
du edle und
unversehrte Jungfrau.

[Du bist voll] göttlicher Gnade
von der Himmlischen Vorsehung,
Königin der Jungfrauen,
komm doch, du Eilfertige,
geschwind und
neige dein Ohr uns zu.

Du bist voll der lieblichsten
Gaben, nimm fort den veralteten
[Urteils]spruch unseres Gesetzes,
dass du nicht erzürnt bist über
die, die dich [um Hilfe] bitten,
du gnadenvolle Mutter.

Der Herr bildete
den Adam, der sündigte [und] das
Böse [tat], das sich [Gott] wider-
setzte; dann rief Er dich
und segnete dich [schon]
im Mutterleib.

Mit dir hat Er uns freigekauft und
die Welt, die der [alles] zerstörende
Teufel [Gott] entfremdet hat,
für uns wieder aufgerichtet;

ut nos aleret,	um uns zu erheben,
postea redemit.	hat Er uns dann erlöst.

7. Benedicta sola / Du bist gebenedeit allein
de superna scola, / am höchsten Ort,
deitatis stola, / du Gewand der Göttlichkeit;
nos a fece cola / mach uns rein vom Unrat
nostri criminis, / und unserer Sünden Last,
purgatrix et mola. / du Quell der Reinheit.

8. Inter mulieres / Unter den Frauen
tu sola adheres, / bist du allein auserwählt,
ut manu teneres, / in deinen Händen zu tragen
velut deo heres, / als Gottes Erbin
primogenita, / die Erstgeburt,
quibus nos impleres. / mit der du unser Sehnen stillst.

9. Benedictus digne / Gebenedeit bist du, würdig
pneumatis in igne; / im Feuer des [göttlichen] Geistes.
verbum, per insigne / Die Botschaft, die dir durch das
quod tibi benigne / Zeichen [seines Erscheinens] gütig
missus, Gabriel / gesandt wurde, überbrachte
tulit tam benigne: / Gabriel auf solch gefällige Weise:

10. Ventris tui fructus / Die himmlische Frucht deines
celitus adductus / Leibes sollst du empfangen,
per patrem instructus; / vom Vater gezeugt.
et in mundum ductus, / [Gott selbst will] zur Welt kommen,
carnem sumere. / um Fleisch anzunehmen.
postea reductus. / Danach kehrte [der Engel] zurück.

11. Tuum per iuvamen / Auf deine Fürbitte hin
pater, natus, flamen / spende uns Trost der
det nobis solamen, / Vater, der Sohn, der [Hl.] Geist,
judicis examen / dass das Verhör des Richters
ne nos terreat, / uns nicht erschrecke,
sed salvet nos. Amen. / sondern uns heile. Amen

Amen. / Amen.

42. Landgraf Ludwig und die heilige Elisabeth

1. De engel van dem hymmel
vorkundiget uns eyn leyt,
alwo sick lantgreve Lodewich
van syner vrouwen reth.

Der Engel vom Himmel
verkündigt uns ein Leid,
als sich Landgraf Ludwig
von seiner Frau verabschiedete.

2. Se leggen de nacht tosamde,
de nacht want an den dach:
Nu klaghe ik gode van hymmel,
dat ik juck ju gesach.

Sei lagen bei Nacht zusammen,
die Nacht wandt sich zum Tag:
Nun klage ich zu Gott im Himmel,
daß ich Euch je geseh'n.

3. Klaghe gy gode van hymmele,
dat gy my jw gheseghen,
so wyl ik over dat rode mer
unde hir wedder keren, ifft ik
    mach

Klagt nur zu Gott im Himmel,
dass Ihr mich je geseh'n,
so will ich über das Rote Meer
und hierher wieder zurückkehren,
    wie ich es mag.

4. Here, leve here myn,
weme late gy denne juwe guth?
Dat do ik, vrouwe, den armen,
de ryken heffet ennoch.

Herre, lieber Herre mein,
wem überlasst Ihr denn Euer Gut?
Das gebe ich, Frau, den Armen,
die Reichen haben genug.

5. Here, leve here myn,
weme late gy den juwe kynt?
Dat do ik juk, vruwe, sulven,
ifft gy syne moder synt.

Herre, lieber Herre mein, wem
überlasst Ihr denn Euer Kind?
Das gebe ich, Frau, Euch selber
da Ihr seine Mutter seid.

6. Here, leve here myn
wem late gy dene my?
Dat do ik al den engelen,
de in dem hymel syn.

Herre, lieber Herre mein,
wem überlasst Ihr denn mich?
Euch übergebe ich all den Englein,
die in dem Himmel sind.

7. Here, leve here myn
nu juck wenden nich enmach,
nu sende juk got herover
in dat vel heyliger graff.

Herre, lieber Herre mein,
nun möget Ihr Euch nicht wenden,
nun sendet Euch Gott herüber
zum dem sehr heiligen Grab.

8. Vrouwe, leve vrouwe myn
wat hebbe ik juk ju to lede dan,
dat gy my wunsken darover

unde hyr wedder nicht en schal?

9. Here, leve here myn,
valschet jo de rede nicht;
nu sende juk got hir wedder
[unde] de vel heyliger Cryst.

10. He do van syner wytten hant
van golde eyn vingerlin.
Nu set, myn vrouwe Ilsebe,
dar by so dencket myn.

11. Ifft juck quemen de mere,
dat ik were dot,
so scholde [gy] des loven nicht,
gy segen dat golt so rot.

12. Se setten sick dar to scheppe,
seggelten over den Ryn.
wat vunden se an dem stade stahn?
eyn vel heydensk wiff!

13. Se gaff dem heren drinken,
de schale schen van golde rot;
da dranck sich lantgreve Lodewich
den bitterliken dot.

14. Do he den dranck ghedruncken hadde,
da wart ome also we,
dat ome jo dat rode blot
uth synen oghen schen.

Fraue, liebe Fraue mein, was
habe ich Euch je zuleide getan,
dass Ihr mich wünscht dort hinüber
und ich nicht hier bleiben soll?

Herre, lieber Herre mein,
verfälscht doch die Rede nicht,
ebenso sende Euch Gott wieder
hierher und der allheilige Christ.

Er tat von seiner weißen Hand
von Gold ein Ringelein.
Nun seht, meine Frau Elisabeth,
dabei denket mein.

Wenn Euch erreicht die Kunde,
dass ich wäre tot,
so sollt Ihr das glauben nicht,
[bis] Ihr sehet das Gold so rot.

Dann stiegen sie zu Schiffe,

segelten über den Rhein.
Was fanden sie, das am anderen Ufer stand?
Ein gar heidnisches Weib!

Sie gab dem Herrn zu trinken,
die Schale strahlte golden rot;
da trank sich Landgraf Ludwig

den bitterlichen Tod.

Als er den Trank getrunken hatte,

da ward ihm gar so weh,
dass ihm sogar das rote Blut
aus seinen Augen trat.

15. Nu roder wol, myn leve knecht,
wes myk myt truwen by,
brynge myner vrouwe Ilseben
van golde eyn vingerlin.

16. Der vruwen quemen de mere,
de here were dot;
se wolde das ok jo loven nicht,
se segge dat golt so rot.

17. Se nam dat kynt uther syden
unde wante id an eyn dock
vnde sede: nu lygge hir, myn leve kynd,
alse ander wesen don.

18. Se leyt oren mandel glyden,
se trad one under den vot:
Nu lygge hir, du homoyt,
dat ik dy jummer droch!

19. Se droch an orem lyve
eyn hemmet, das war van hare,
dar over eynen growen rock,
to kloster wolde se gan.

20. Or etent dat was kleyne,
ore beth dat was grot;
des wart myn vrouwe sunte Ilsebe
myt den engelen kronet.

21. We nu sunte Ilsaben soken wyl,
darto or leve kynt,
de ga sick to des Hardesbarch,
dar se beyde begraven synt.

Nun rud're los, mein lieber Knecht,
erweise mir deine Treue,
bring meiner Frau Elisabeth
von Gold ein Ringelein.

Der Frau kam die Kunde,
der Herr wäre tot,
sie wollte das auch glauben nicht,
[bis] sie sah das Gold ganz rot.

Sie nahm das Kind aus der Seide
und wickelte es in ein Tuch
und sprach: nun liege hier, mein liebes Kind,
so wie andere Waisen es tun.

Sie ließ ihren Mantel fallen,
sie trat ihn unter ihren Fuß:
Nun liege hier, du Hochmut,
wie konnte ich dich nur immer tragen!

Sie trug (fortan) an ihrem Leibe
ein härenes Hemd,
darüber einen groben Rock,
ins Koster wollte sie gehn.

Ihre Speise war wenig,
Ihr Gebet aber war groß,
daher ward meine Frau, Sankt Elisabeth
mit den Engeln gekrönt.

Wer nun Sankt Elisabeth besuchen will,
und auch ihr liebes Kind,
begebe sich zum Hardesberg,
wo beide begraben sind.

43. Maria zart

1. Maria sart
van edeler art,
eyn rose an alle dorne,
du hefst myt macht
herwedder bracht,
dat so lange was vorloren
dorch Adams val.
dy hefft gewalt
sunte Gabriel vorsproken,
help, dat nicht werde
   gewroken
myne sunde unde schult.
vorwerff mi hulde,
wen neyn trost is,
wur du nicht byst,
barmherticheyt to erwerven;
an dem lesten ende
ik bidde [dy] nicht wende
van my in mynem sterven

2. Maria mylt,
du hefst gestilt
der oltveder er vorlangen,
de jar unde dage
in we unde klage
de vorhelle helt gevangen;
to aller tyd
schreden se strit
al dor des hymmels porten,
toryt an allen orden,
dat he dar affkeme
unde se beneme
ore sware pyn
unde dat al dorch dyn
kusch juncfrouwelick geberen

Maria zart
von edler Art,
eine Rose ohn' alle Dornen,
du hast mit Macht
wieder hergebracht
was solang' war verloren
durch Adams Fall.
Dir hat Einfluss
Sankt Gabriel versprochen,
hilf, daß nicht gerächt werde

meine Sünde und Schuld.
Erwirb mir Gnade,
da kein Trost ist,
wo du nicht bist,
Barmherzigkeit zu erwerben;
an dem letzen Ende
ich bitte, du wollest nicht wenden
dich von mir in meinem Sterben.

Maria mild
du hast gestillt
der Altväter Verlangen,
die Jahr und Tag
in Weh und Klag
die Vorhölle hielt gefangen;
zu aller Zeit
schrien sie laut
wohl durch des Himmels Pforte
zugleich an allen Orten,
dass er von dort herabkäme
und von ihnen nehme
ihre schwere Pein
und das ist alles durch dein
keusches jungfräuliches Gebären

is affgestelt,	bestimmt worden,
darumme dy telt	darum teilt dir zu
alle werlde eyn krone der eren.	alle Welt eine Krone der Ehren.

3. Maria reyne,	Maria rein,
du bist allene	du bist allein
der sunder trost up erden,	der Sünder Trost auf Erden,
darumme dy hat	darum dich hat
der ewige rat	der ew'ge Rat
erwelt eyne moter laten werden	erwählt, eine Mutter zu werden
des hohesten heyl,	des höchsten Heilands,
de dorch ordel	der durch sein Urteil
am jungesten dage wert richten,	am jüngsten Tage wird richten,
holt my in dynen plichten,	halt mich in deinen Pflichten,
du werdige vrucht,	du würdige Frucht,
al myne tovlucht	all meine Zuflucht
hebbe ik to dy;	richte ich auf dich;
am cruce wes my	am Kreuze warst du mir
myt sunte Johannes gegeven,	mit Sankt Johannes gegeben,
da du ock myn	da du auch mein'
moder schalt syn,	Mutter sollst sein,
vrist hir unde dort myn levent.	erfreue hier und dort mein Leben.

4. Maria klar,	Maria klar,
du bist vorwar	du bist fürwahr
myt groten smerten gegangen,	durch große Schmerzen gegangen,
do dyne frucht	da deines Leibes Frucht
gans myt untucht	ganz zu Unrecht
unschuldig wart gevangen	unschuldig ward gefangen
dorch myne dat.	durch meine Tat.
Vorwerff my gnade,	Erwirb mir Gnade,
to beteren hir myn levent.	zu bessern hier mein Leben.
itsunt byn ik ummegeven	Jetzt bin ich umgeben
myt swarer pyn,	mit schwerer Pein,
dat alle dorch myn	weil ich durch mein'
grote sunde unde schult	schwere Sünde und Schuld
byn ik vordult	bin ganz von Sinnen gebracht
an live an allen enden.	im Leben an allen Enden.
o werde rose,	O werte Rose,

myn krancheyt lose,	meine Krankheit löse,
dyn gnade nicht van my wende.	deine Gnade nicht von mir nehme.

5.
Maria sart,	Maria zart,
vormeret wart	vermehret ward
in dy grot leyt unde smerte,	in dir groß Leid und Schmerz,
do dyn kynt dot,	als dein Kind tot,
eyn [sper] myt not	ein Speer mit Gewalt
dorchsteck syn sachte herte;	durchstach sein sanftes Herz;
sin blodes saft	seines Blutes Strahl
krenkede dy dyne krafft,	ließ schwinden deine Kraft,
van leyde wordestu dy senken.	vor Leid sankst du dahin.
Johannen deden se wenken.	Johannes gaben sie einen Wink,
he quam al dar,	er kam hinzu,
nam dyner war,	nahm deiner wahr,
do dy dat swert	als dir das Schwert
dyn herte vorserde,	dein Herz versehrte,
dar van Simeon gesaget.	wovon Simeon gesprochen.
o juncfrouwe werde,	O jungfrau wert,
sunne, lucht unde erde	Sonne, Luft und Erd'
den dot dynes kyndes beklaget.	den Tod deines Kindes beklagen.

6.
Maria schon,	Maria schön
du hogeste lon,	du höchster Lohn
wen ik van hir schal scheden,	wenn ich von hier soll scheiden,
so kum to my,	so komm zu mir,
bescherme my,	beschirme mich,
dat my de doch nicht vorleyde	dass mich dann doch nicht verführe
de falsche satan,	der falsche Satan,
wen ik nicht kan	wenn ich nicht kann
syn duvelsche list erkennen,	seine teuflische List erkennen,
noch mot ik jo van hennen.	noch muss ich ja von hinnen.
ummewerp my ok	Wirf mir auch um
dynen mantel unde den rock,	deinen Mantel und den Rock,
wanner dyn kynt	wenn einst dein Kind
my richt, gans swint	mich richtet, ganz geschwind
so wise, vrouwe, dyn herte	dann biete an, Frau, dein Herz
unde bruste	und deine Brust

dynem sone Jhesum,	deinem Sohn Jesum,
sprick: giff mi nu	und sprich: gib mir nun
dussen sunder ik ewich friste.	diesen Sünder, ich will ihn auf ewig erquicken.

7. Maria gut,
wen in unmot
de vader van my wende,
so bydde dat dar
dynes sones like klar,
syne syden, vote unde hende;
denne mach nicht seer
de vader mer
wedde my eyn ordel spreken;
ok mach sick jo nicht wrecken
got hilge geyst,
de ersten bewist
sote gnedicheyt,
denne is bereyt
drevoldichlike gude.
also wart my
salicheyt dorch dy;
vor sunden my behode!

Maria gut,
wenn in Unmut
der Vater sich von mir wendet,
so biete mir dar
deines Sohnes Leichnam klar,
seine Seite, Füße und Hände;
dann mag nicht sehr
der Vater mehr
wider mich ein Urteil sprechen;
auch mag sich dann nicht rächen
Gott, der Heilige Geist,
der einstmals bewies
seine süße Gnädigkeit,
zu der bereit ist
dreifaltighafte Güte.
Also ward mir zuteil
Seligkeit durch dich;
vor Sünden mich behüte.

8. Maria fyn,
dyn clare schyn
irluchte den hoghesten throne,
so dy myt eren
van twelff sternen
wart upgeset eyn krone.
drevaldicheyt
hefft dy beklet,
myt hoger gnade umgeven.
Maria, friste myn levent;
so mennichen dach
ik bichten mach.
o juncfrouwe sote,
helpe, dat ik bote
myne sunde vor mynem ende,

Maria fein,
dein heller Schein
erleuchtet den höchsten Thron,
da dir mit Ehren
aus zwölf Sternen
ward aufgesetzt eine Krone.
Die Dreifaltigkeit
hat dich bekleidet,
mit großer Gnade umgeben.
Maria, erfrische mein Leben;
so manchen Tag
ich beichten mag..
O Jungfrau, süße,
hilf, daß ich büße
meine Sünde vor meinem Ende,

wen myn herte brickt,	wenn mein Herz bricht,
myn gesichte vorscrickt,	mein Gesicht erschrickt,
bede myner zele dyn hende.	biete meiner Seele deine Hände.

9. Maria frouwe,	Maria, Frau,
help, dat ik schouwe	hilf, daß ich schau
dyn kynt vor mynem ende,	dein Kind vor meinem Ende,
schicke meyner zelen	schick meiner Seele
sunte Michael,	Sankt Michael,
dat he [se] vore behende	dass er sie führe geschwind
int hemmelrike,	ins Himmelreich,
[dar alle gelike]	da allzugleich
de engel vroliken syngen,	die Engel fröhlich singen,
er stemme don helle erklingen:	ihre Stimmen hell erklingen:
Hillich, hillich,	Heilig, heilig,
du bist hillich,	du bist heilig,
o sterke got	o starker Gott,
van Sabaoth,	Gott Sabaoth,
regerest gewaldichliken.	regierst mit großer Macht.
so hefft eyn ende	So hat ein Ende
al myn elende	all mein Elend,
unde vrouwe my ewichliken.	und ich freue mich auf ewig.

10. Maria clar,	Maria klar,
du bist vorwar	du bist fürwahr
figurliken wal to beduden:	bildlich wohl zu deuten:
dat vlus Gedeon	Das Vlies Gideon
bystu, frouwe [kon],	bist du, [erkorene] Frau,
van gode krech macht to striden.	von Gott bekommst du Macht zu streiten.
bedudest vort	Du bedeutest Furt
unde byst de port,	und bist die Pforte,
de ewich blifft bescloten.	die ewig bleibt verschlossen.
van dy is utgefloten	Aus dir ist herausgeflossen
dat ewige wort,	das ewige Wort,
geslatene gard,	geschlossener Garten,
getekende borne,	gezeichneter Born,
clar alse de sunne,	hell wie die Sonne,
figureret vor langen jaren.	versinnbildet vor langen Jahren.

van my nicht wende dyne truwe am ende, so ik van henne schal varen.	Von mir nicht abwende deine Treue am Ende, wenn ich von hinnen soll fahren.
11. Maria reyne, juncfrouwe alleyne, in dy is neyn gebrecke; id levet neyn man, de de mach iffte kan, dyn ere to grot utsprecken. dyn hoget loven swevet ewich boven in hemmel ok up erden, dyn gelick nach nummer werden, reyne creature, o juncfrouwe pur, wen id dar to kumpt, dat myn munt vorstummet, myn zele van dem live schal keren, so gedenke daran, dat ik dy han hirmede gedacht to eren.	Maria rein, Jungfrau allein, an dir ist kein Gebrechen; es lebt kein Mensch, der es vermag wenn er kann, deine Ehre groß genug zu rühmen. Dein hohes Lob schwebt ewig oben im Himmel wie auf Erden, dir gleich kann niemand werden, reines Geschöpf, o Urbild einer Jungfrau, wenn es (einst) dazu kommt, dass mein Mund verstummt, meine Seele aus dem Leben soll scheiden, dann denke daran, dass ich hiermit vorhatte, dich zu ehren.
Amen.	Amen.

44. Kreuzverehrung

1. O du eddele sedderenbom,
du hogelovede holt,
wente du jo hefst gedragen
den eddelen vorsten stolt.

2. Ik meyne Jhesum Christum,
syn name is wyt unde bret,
we one an synem herten drecht,
dem benymt he al syn leyt.

3. O du sote Jhesu,
du eddele forste fyn,
gyff my, dat ik dy drege
al an dem herten myn.

4. Also du, here, hangedest
al an dem cruce breyt,
dyn gotlike mylde herte
eyn scharper sper dorsneyt.

5. Up mynes leves hovede
dar syt eyn krenselin,
dat is so nat, bedouwet
al van dem blode syn.

6. Och were myn herte eyn garden
van dem eddelen blomen fyn,
darin so wolde ik planten
mynem leve eyn krenselyn.

7. De blomen, de ik meyne,
de heten humilitas,
de anderen schullen heten
spes, fides, caritas.

O du edler Zedernbaum,
du hochgelobtes Holz,
da du ja getragen hast
den edlen Fürsten stolz.

Ich meine Jesum Christum,
sein Name klingt weit und breit,
wer ihn in seinem Herzen trägt,
dem nimmt er weg all sein Leid.

O du süßer Jesus,
due edler Fürste fein,
gib mir, dass ich dich trage
wohl in dem Herzen mein.

Als du, Herr, gehangen
an dem Kreuz ausgebreitet,
da hat dein göttlich mildes Herz
ein scharfer Speer durchstochen.

Auf meines Liebsten Haupt
da sitzt ein Kränzlein
das ist so nass, betaut
von dem Blute sein.

Ach, wäre mein Herz ein Garten
von edlen Blumen fein,
so wollte ich darin pflanzen
meinem Liebsten ein Kränzlein.

Die Blumen. die ich meine,
die heißen Niedringkeit,
die anderen sollen heißen
Hoffnung, Glaube und Liebe.

8. Ut mynes leves herten
dar springet eyn reverkyn,
dat reveriken wyl ik leyden
al an den garden myn.

9. Jhesus, du gardenere,
du ware ackerman,
woldestu mynes garden plegen,
so were he lovesam.

10. Mynes leves arme
stan wyt utgebreyt,
mochte ik dar anne rouwen,
so vorgeyte ik al myn leyt.

11. Myn leff [*heft*] sick to my geneget
synen eddelen rodermunt.
och mochte ik one kussen,
so worde myn zele sunt.

12. So wen ik on anschouwe,
den vorsten hochgeboren,
de leve het one vorwunnen,
syne verwe hefft he vorloren.

13. In mynes leven [*syden*]
steyt eyn gulden schryn,
ach were ik darin bescloten
al na dem wyllen myn.

14. Ik kan dar nicht in komen,

du enleydest my dar in,
wente du jo hefst gesproken:
sunder my kunne gy nichte don.

15. To mynes leves voten
steyt eyn bomelin;

Aus meines Liebsten Herzen
entspringt ein Bächlein,
dieses Bächlein will ich leiten
durch den Garten mein.

Jesus, du Gärtner,
du wahrer Ackersmann,
wolltest du meinen Garten pflegen,
so wäre er musterhaft.

Meines Liebsten Arme
sind weit ausgebreitet,
möchte ich darin ruhen,
so vergäße ich all mein Leid.

Mein Liebster hat sich mir
zugeneigt
(mit) seinem edlen roten Mund.
Ach, möchte ich ihn küssen,
so würde meine Seele gesund.

Wenn ich ihn so anschaue,
den Fürsten hochgeboren,
die Liebe hat ihn verwundet,
seine Farbe hat er verloren.

In meines Liebsten Seite
da steht ein güldner Schrein
ach, wäre ich darin eingeschlossen
wohl nach dem Willen mein.

Ich kann dort nicht
hineinkommen, (wenn)
du mich nicht duldest darin
da du ja gesprochen hast:
Ohne mich könnt ihr nichts tun.

Zu meines Liebsten Füßen
steht ein Bäumlein;

ach mochte ik darunder
   spaceren,
so vergete ik al myn pyn.

16. Wan ik myn leff vorlese
de nacht unde ok den dach,
so mach ik id wedder vinden
al an des bomes ast.

17. De leve had one dwungen
an des bomes ast,
syn hende synt ome gebunden
myt stumpen negelen vast.

18. Se ik ome ok an de vote,
dem levesten heren myn,
he steyt so vaste negelt,
he kan my nicht entflen.

19. O du sote Jhesu,
wu dicke ik van dy fle,
dorch myner sunde wyllen
so is mynem herten we.

20. So dencke, here, der rede,
de van dy gescreven stat:
wan ik vorhoget werde,
so te ik na my alle.

21. Ik bydde, sote Jhesu,
dor dyner leve crafft
te du myn wylde herte
al an des bomes ast.

22. Dat myn herte rouwe
al an den wunden dyn,
al twischen dynen brusten
alse eyn mirrenbundellyn.

ach möchte ich darunter wandeln,
so vergäße ich all meine Pein.

Wenn ich meine Liebe suche
bei Nacht Nacht und auch bei Tag,
so werde ich sie wiederfinden
an dieses Baumes Ast.

Die Liebe hat ihn gezwungen
an dieses Baumes Ast,
seine Hände sind ihm gebunden
mit dicken Nägeln fest.

Seh' ich ihm auf die Füße,
dem liebsten Herren mein,
er steht so fest angenagelt
er kann mir nicht entfliehn.

O du süßer Jesus,
wie sehr ich zu dir fleh',
um meiner Sünde willen
ist meinem Herzen weh.

So gedenke, Herr, der Rede,
die von dir geschrieben steht:
Wenn ich erhöht sein werde,
dann ziehe ich alle an mich.

Ich bitte, süßer Jesus,
durch deiner Liebe Kraft
zieh du mein ungestümes Herz
an des Baumes Ast.

Dass mein Herze ruhe
wohl an den Wunden dein,
zwischen deinen Brüsten
wie ein Myrrhenbündelein.

23. Regere my, leve here,
nu unde to aller stunt,
dat ik dyne leve vinde
in mynes herten grunt.

24. Wol up, meyner zele kreffte,
unde maket iuck streck unde snel her,
unde denet ome myt flyte,
dat is lo al myn beger.

25. Dat he uns nicht enwike,
unde, de uns hat vorloset,
wan ik one nicht envole,
so lyd myne zele not.

26. Ik bydde dy, sote Jhesu,
dor dyner merter pyn,
vorenege my in dyner leve,
so enkan my nicht bet geschen.

Amen.

Regiere mich, lieber Herr,
jetzt und zu aller Stund,
dass ich deine Liebe finde
in meines Herzens Grund.

Wohl auf, ihr Kräfte meiner Seele,
macht euch strickt und schnell hierher auf,
und dienet ihm mit Eifer,
das ist mein ganzes Begehren.

Dass er uns nicht verlasse,
und, wenn ich ihn, der uns erlöst hat, nicht bei mir weiß,
dann leidet meine Seele Not.

Ich bitte dich, süßer Jesus,
durch deines Leidens Schmerz,
vereinige mich (mit dir) in deiner Liebe,
so kann mir nichts Besseres geschehn.

Amen.

45. Marienminne

1. De walt de steyt gelovet
to dusser somertyt,
myner synne byn ik berovet.
daran so ker ik al mynen syn:

2. Na eyner juncfrouwen reyne
(... na oren leven kynde,)
so drege ik guden mot,
help myk, myt flite bydde,
eyn juncfrouve wolgetan!

3. Du wonest myk in dem herten,
dar kumpstu nummer [ut],
grot jamer dot my smerte,
du reyne godes brut.

4. Myn syn unde al myn danken
hebbe ik an dy geleit,
lat myk nicht van dy wanken,
du drechst der ere ... [kleid].

5. Boven alle juncfrouwen
heft di got uterkoren,
got wolde an di entrouwen,
got ist van di geboren.

6. Myn schip is up der wage,
syn . . . . . . in ome geschortet,
ik byn an den sorgen
...

7. ... ...
so wolde ik Marien loven,
darto or leve kynt.

Der Wald, der steht belaubet
in dieser Sommerzeit,
meyner Sinne bin ich beraubt.
Darauf kehre ich all meinen Sinn:

Auf eine Jungfrau rein
(... und auf ihr liebes Kind,)
daher bin ich guten Mutes,
hilf mir, ich bitte mit Eifer,
du Jungfrau und Wohltäterin!

Du wohnst in meinem Herzen,
da kommst du nimmer [heraus],
großer Jammer schmerzt mich,
o du reine Gottesbraut.

Meinen Sinn und all meine Gedanken
habe ich auf dich gerichtet,
lass mich nicht von dir wanken,
du trägst der Ehre ... [Kleid].

Über alle Jungfrauen
hat dich Gott auserkoren,
Gott wollte bei Dir ausruhen,
Gott ist von dir geboren.

Mein Schiff ist auf der Woge,
sein . . . . . . in ihm geschürzt (?)
ich bin ohne die Sorgen
...

... ...
So wollte ich Maria loben,
dazu ihr liebes Kind.

46. Sankt Georg und Sankt Adrian

1. Help, here sunte Jurgen,
help myk uth aller not;
ik lige so swar [vangen]
want an den bitteren dot.

Hilf, Herr Sankt Georg,
hilf mir aus aller Not;
ich liege so schwer [gefangen]
bis zum bitteren Tod.

2. Dat lat dy hute erbarmen,
leve here sunte Adrian,
help myk ut sulker not:
ik buwe up gude wan.

Des lass dich heute erbarmen,
lieber Herr Sankt Adrian,
hilf mir aus solcher Not:
Ich baue auf gute Hoffnung.

47. Gebet zur Gottesmutter

1. Du lichte morgensterne,
du reyne godes scryn,
by dy so wer ik gerne,
vorkorte myne pyn.

Du heller Morgenstern,
du reiner Gottesschrein,
bei dir wär ich so gerne,
verkürze meine Pein.

2. Help my ut den sorgen
dor dynen mylden mod,
den drechstu unvorborgen,
he is in dy behut.

Hilf mir aus den Sorgen
durch deine milde Großmut,
der, den du unverborgen trägst,
ist bei dir behütet.

48. Gebet um die Gnade eines guten Todes

1\. Grot ruwe de wyl my krenken,
de ik an mynem herten drage.
to gode wil ik my senken,
de werlt wil ik vorlaten.
ik wil myn herte to gode [keren].

myn got, myn here!
myn sunden synt so swere,
godes gnade is noch vel mer.

2\. Maria, du eddel rose,
du bloest sunder dorne,
help my myt flite bydden
vor dynes kyndes torne,
dat he my wille gnedich syn
al umme de bede dyn.
ik wil in synem wyngarden
syn true dener syn.

3\. Here David im psalter
de sprikt unde secht also:
we in dem rechten loven is,
de is des hymmels vro.
darna mach he beschouwen
dat angesichte clar,
des sick de engel vrouwen.
scrifft Davit vorwar.

Große Reue will mich kränken,
die ich in meinem Herzen trage.
In Gott will ich mich versenken,
die Welt will ich verlassen.
Ich will mein Herz zu Gott
   hinkehren.

Mein Gott, mein Herr!
Meine Sünden sind so schwer,
doch Gottes Gnade wiegt noch viel
   mehr.

Maria, du edle Rose,
du blühest ohne Dornen,
hilf mir, eifrig zu bitten, (mich zu
   bewahren) vor deines Kindes Zorn,
dass er mir wolle gnädig sein
um deiner (Für)bitte willen.
Ich will in seinem Weingarten
sein treuer Knecht sein.

König David im Psalter,
der spricht und sagt also:
Wer in dem rechten Glauben ist,
der kann sich des Himmels freuen.
Danach darf er anschauen ganz
deutlich das Angesicht (Gottes),
dessen sich die Engel erfreuen.
So schreibt David fürwahr.

49. Gebet zum Heiligen Geist

[1] O du hilge troster,
du werdige hilge geyst,
vorluchte myk myn herte
myt dem loven aldermeist
[5] dor dyne krafft,
alse du de twolff apostel dedest
al up dem pynxdach.
vormyddelst des hilgen geystes vur
vorluchte, her got, my,
[10] lat uns nicht werden dure
dyn antlat wunlick.
Myt dyner hilgen olgyngh
bescherme, here got, myk,
sclut up des hymmels porten,
[15] lat uns alle darin.

Amen.

O du Heiliger Tröster,
du werter Heiliger Geist,
erleuchte mir mein Herz
mit dem Glauben allermeist
durch deine Kraft,
wie du den zwölf Aposteln tatest
wohl an dem Pfingsttag.
Durch die Vermittlung des Feuers
    des Heiligen Geistes
erleuchte, Herr Gott, (auch) mich.
Lass uns nicht teuer werden
dein wunderbares Antlitz.
Mit deiner heiligen Ölung
beschirme mich, Herr Gott,
schließ auf des Himmel Pforten,
(und) lass uns alle da hinein.

Amen.

Eyn maget wys unde schone

Eyn ma-get wys un-de scho-ne
de drecht den ho-ge-sten prys.
We de ryn-get na o-rem lo-ne,
de wert myt e-ren wys. By or synt
an-der vrou-wen al-se dor-ne
an der au-we by ey-nem ly-li-en rys.

50. Die Magd des Herrn

1. Eyn maget wys unde schone,
de drecht den hogesten prys.
we de rynget na orem lone,
de wert myt eren wys.
by or synt ander vrouwen
alse dorne an der auwe
by eynem lylienrys.

2. Van sterne glans eyne crone,
de drecht se wolgedan,
he sach se in dem trone,
de vorste Octavian:
in hemmelisker wunne,
gecledet myt der sunne,
or schemel was de man.

3. Eyn lam in kyndes wyse
to oren brusten lach,
dat was de olde gryse,
de schop den ersten dach.
dat was eyn menlick rytder,
syn levent wart ome bytter
dorch uns syn ungemach.

4. Syn syde wart ome
   dorchstecken
myt eynem stalen spere,
darna vorstorde he de helle
unde al or her.
he losede de gevangen,
or leyt dat was vorgangen,
wol uns der leven mer.

Eine Magd, weise und schön,
die trägt den höchsten Preis.
Wer strebt nach ihrem Lohne,
der wird mit Ehren weise.
Neben ihr sind andere Frauen
wie Dornen auf der Aue
neben einem Lilienreis.

Von Sternenglanz eine Krone,
die trägt sie mit Anmut,
es sah sie auf dem Throne
der Fürst Octavian:
in himmlischer Wonne
gekleidet mit der Sonne
ihr Schemel war der Mond.

Ein Lamm nach eines Kindes Art
an ihren Brüsten lag,
das war der alte Greis (Gott),
der schuf den ersten Tag,
das war ein männlicher Ritter,
sein Leben war ihm verbittert
durch uns zu seinem Ungemach.

Seine Seite ward ihm
   durchstochen
mit einem stählernen Speer,
danach zerstörte er die Hölle
mit ihrem ganzer Heer.
Er erlöste die Gefangenen,
ihr Leid war nun vergangen,
wohl uns der guten Mär.

5. Jhesus stunt up van dem grave,
de eddel forste gud,
myt eynem crucestave,
eyne fanen van wunden rot.
he vor up myt groter ere,
to hymmel wolde he keren,
vorwunnen was de dot.

Jesus stand auf aus dem Grabe,
der edle und gute Fürst,
mit einem Kreuzesstab (und)
einer Fahne von den Wunden rot.
Er fuhr empor mit großer Ehre,
zum Himmel wollte er zurückkehren,
überwunden war der Tod.

6. Jhesus in dem oversten trone
to synes vaders hand,
de engel synget om schone
sanctus al overal:
sanctus, sanctus sabaoth,
war mynsche unde ware got,
he is al sunder spot.

Jesus auf dem höchsten Thron
an der Seite seines Vaters,
die Engel singen Ihm schön
das "Heilig" all überall:
Heilig, heilig, [Gott] Sabaoth,
wahrer Mensch und wahrer Gott,
ist er ohne jeden Zweifel.

7. Got hat de uterkoren,
en megetin wys unde schone,
to dochter unde to moder,
van or war he geboren.
noch is se maget reyne;
wu we or truelken denen,
so blyve we unverloren.

Gott hat sie auserkoren,
ein Mägdlein, weise und schön,
zur Tochter und zur Mutter,
von ihr wurde er geboren.
Doch blieb sie reine Magd;
wenn wir ihr getreulich dienen,
dann bleiben wir unverloren.

8. Eyn reyne wiflik belde,
or kuscheyt is so grot,
dat sic eyn eynhorne wylde
gaff in ore schot.
dat was so sterker kreffte,
myt syner meysterschefft
de hymmel trone upsclot.

Ein reines Bild der Weiblichkeit,
ihre Keuschheit ist so groß,
dass sich ein wildes Einhorn
barg in ihrem Schoß.
Das besaß so starke Kräfte,
(dass es) mit seinem Können
den himmlischen Thron aufschloss.

9. De maget het Maria,
se is der gnade vul,
vor sunden se uns vrige,
des is se mechtig wol.

Die Magd heißt Maria,
sie ist der Gnade voll,
von Sünden sie uns befreie,
des ist sie wohl mächtig.

wy wyl se bydden alle myt ynnychlikem schalle, dat se uns helpen schal.	Wir alle wollen sie bitten mit innigen Rufen, dass sie uns helfen möge.
10. Maria, maget reyne, des hilgen geystes scryn, nu bydde vor uns gemeyne dyn leve kyndelyn. vorgyff uns unse sunde, unde unse leve frunde lat dy bevalen syn.	Maria, reine Magd, des Heiligen Geistes Schrein, nun bitte für uns alle dein liebes Kindelein. Vergib uns uns're Sünde, und unsere lieben Freunde laß dir befohlen sein.
11. Vorlene uns gut unde ere tytlik to unser noth, vor unsen vygenden were, hebbe uns in goder hodt. giff unses lyves sterke, in dogetliken werken vorlene uns syn unde moth.	Verleihe uns Gut und Ehre in unsrer zeitlichen Not, unseren Feinde wehre, halt uns in guter Hut. Gib unserem Leibe Stärke, zu tugendhaften Werken verleihe uns Sinn und Mut.
12. Maria trosterinne, du blome van Jesse, wan we scheden van hynne, myt truen by uns ste. den rechten weg uns wyse hen to dem vronen paradise, o mater gratiae!	Maria, Trösterin, du Blume an Jesses Stamm, wenn wir scheiden von hinnen getreulich bei uns steh. Den rechten Weg uns weise hin zum herrlichen Paradiese, o Mutter der Gnade!

51. Maria, Helferin in der Not

[1] Wunslik schon is se gestalt,
Maria de konnighinne;
ik lygge gefangen in groter
    gewalt,
dat krenket myn herte unde
    synne.
[5] Wultu myk helpen her
    wedder uth,
du godes brut,
dy loff ik sus beginne.

Wunderschön ist sie (von) Gestalt,
Maria, die Königin;
ich liege gefangen in starken
    Fesseln,
das kränkt mein Herz und
    (meine) Sinne.
Willst du mir helfen hier
    wieder heraus,
du Gottesbraut,
werde ich sofort beginnen mit
    deinem Lob.

Wienhäuser Madonna, um 1290

52. Menschwerdung Gottes und Marienlob

1. Sunte Gabriel wart uthgesant
al ut des hymmels thron,
dar he de reynen kusken want,
dat was Maria schone.
Her sprak: Got grode dy,
   juncfrou fyn,
got wil syn
von dy geboren eyn sone.

Sankt Gabriel ward ausgesandt
von dem himmlischen Thron,
alsbald er die Reine, Keusche fand,
das war Maria schön.
Er sprach: Gott grüße dich,
   Jungfrau fein,
Gott will
von dir als ein Sohn geboren sein.

2. Dar lep eyn eynhorn also wylt
so verne an groner ouwe,
dat hefft gemaket tam unde milt
Maria de schone juncfrouwe,
entfeng in orem juncfrouwelken
   schot
dat hymmelsche brot,
got sochte in or syne rouwe.

Einst lief ein Einhorn gar wild
ganz ferne auf grüner Aue,
das hat gemacht zahm und mild
Maria, die schöne Jungfrau,
sie empfing in ihrem
   jungfräulichen Schoß
das himmlische Brot,
Gott suchte in ihr seine Ruhe.

3. Got quam dor de porten gan,

jedoch bleff se gescloten,
alsus toch he de mynscheyt an,
syne gnade to uns gescloten,
nam ut Marien kusgen schryn

den licham syn,
syne leve an uns gegoten.

Gott kam durch die Pforte
   gegangen,
die blieb jedoch geschlossen,
so zog er die Menschheit an,
seine Gnade (ist) zu uns geflossen,
nahm aus Mariens keuschem
   Schrein
seinen (menschlichen) Leib (an),
(und hat) seine Liebe über uns
   ausgegossen.

4. Maria, eddele balsemstam,
gnade hestu gefunden,
du hest gemaket tam
den ... (?) dy hefft sick
   underfunden,

Maria, edler Balsambaum,
Gnade hast du gefunden,
du hast zahm gemacht
den ... (?), der dich (für) sich
   auserkoren,

Jhesus, dat kleyne kyndelyn,	Jesus, das kleine Kindelein,
de sone dyn,	dein Sohn,
unse sunden hefft he enbunden.	unsere Sünden hat er gebunden.

5. Maria, eddel lylyentwich,	Maria, edler Lilienzweig,
wultu my gnade erwerven,	wollest mir Gnade erwerben,
ik byde dy ser truelken,	ich bitte dich vertrauensvoll,
lat my jo nicht vorderven,	lass mich doch nicht verderben,
dat ik leve myne rechten tyt	dass ich recht (ver)lebe meine Zeit
unde werde quid	und (es) werde ausgeglichen
der sunde vor mynem sterven.	meine Sünde vor meinem Sterben.

6. Maria, juncfrouwe ewelik,	Maria, Jungfrau auf ewig,
eyn tritteldruwe ane galle,	eine Turteltaube ohne Galle,
in allen dogeden unde gnaden rik,	an allen Tugenden und Gnaden reich,
behode my vor ewigen valle,	behüte mich vor (dem) ewigen Fall.
alle mynen trost sette ik to dy,	All meinen Trost setzte ich auf dich,
ik bidde dy,	ich bitte dich,
darto[de] hilgen alle.	dazu (auch) die Heiligen alle.

53. Cord Krumelin

(1) Cord Krumelin vor gerichte stunt
gefangen unde bunden,
he dachte in synes herten grunt:
got, na dy dot my vorlangen!
(5) darumme lat my nu erbarmen dy
unde troste my,
wil nu myne zele entfangen!

[got, na dy so doth my vorlangen.
des bidde ik dy gans truwelick
unde truwe my:
wilst nu myne sele entfangen!

Cord Krumelin vor Gericht stand
gefangen und gebunden,
er dachte in seines Herzens Grund:
Gott, nach dir verlangt mich!
Darum lass mich nun dich erbarmen
und tröste mich,
wollest nun meine Seele empfangen!

Gott, nach dir tut mich verlangen!
Das erbitte ich von dir ganz getreu
und traue mir:
Wollest nun meine Seele empfangen.

54. Betrachtung des Kreuzes

(1) We willen alle singen
unde vro syn,
dat we myt unßen ogen
den waren got ansen,
(5) den unse leve vrouwe
under oren brusten droch.
to hulpe mot uns komen
syn ware hylge blot,
darto syn hilgen viff wunden,
(10) darto syn scharpe speert.
help, Maria godes moder,
help uns uth al unser noth.
Kyrie el[eison].

Wir wollen alle singen
und froh sein,
dass wir mit unseren Augen den
wahren Gott anschauen (dürfen),
den unsere liebe Frau
unter ihrer Brust trug.
Zu Hilfe muss uns kommen
sein wahres heiliges Blut,
dazu seine heiligen fünf Wunden,
dazu (auch) sein scharfer Speer.
Hilf, Maria, Gottes Mutter.
hilf uns aus all unserer Not.
Herr, erbarme dich.

55. Christliche Lebensregeln

[1] He is lutter,	Er ist lauter,
he ist also clar,	er ist so hell,
he is Jesus Christus,	er ist Jesus Christus,
he is Marien son,	er ist Mariens Sohn,
[5] he is de ware mynsche,	er ist der wahre Mensch,
he is de ware got.	er ist der wahre Gott.
Mynsche, du schalt holden	Mensch, du sollst halten
de X gebot.	die zehn Gebote.
den fridach schaltu vasten,	Am Freitag sollst du fasten,
[10] den sondach schaltu viren gerne,	den Sonntag sollst du gerne feiern,
so wil dick got leden	so wird dich Gott leiten
recht so de morgensterne.	gerade zu dem Morgenstern.
des help uns Maria,	Dazu helfe uns Maria,
darto or leve kynt	dazu ihr liebes Kind
[15] unde al de leven engel,	und all die lieben Engel,
de in dem hymmel syn.	die in dem Himmel sind.

56. Gebet zur heiligen Mutter Anna

Du werdige hilge vrouwe, sunte Anna,	Du werte heilige Frau, Sankt Anna,
du werdige hilge stam,	du werter heiliger Stamm,
dyn dochter hefft jungfrouwe	deine Tochter hat (als) Jungfrau
dragen dat ware godes lam.	getragen das wahre Gotteslamm.
Behode uns, vrouwe, vor schande,	Behüte uns, Frau, vor Schande,
vor ar armode not,	vor arger Armut Not,
de zele de vare to hymmel,	die Seele fahre zum Himmel,
wan an uns trit de dot.	wenn an uns (heran)tritt der Tod.
Kyrie el[eison].	Herr, erbarme dich.

57. Omnis mundus jucundetur

1. Omnis mundus iocundetur
nato salvatore,
casta mater quem concepit
Gabrielis ore.

Die ganze Welt freue sich,
der Heiland ist geboren,
den die jungfräuliche Mutter empfangen hat aus Gabriels Mund.

2. Sonoris vocibus,
sinceris mentibus
exultemus
et letemur.

Mit klingenden Stimmen,
mit lauteren Herzen
lasst uns jubeln
und uns freuen,

3. Hodie, hodie, ho, hodi ...
Christus natus ex Maria
virgine, virgine, v, v,,
gaudetete, gaudete.

Heute, heute
ist Christus geboren aus Maria
der Jungfrau, der Jungfrau,
freuet euch, freut euch.

4. Gaudeamus et letemur
itaque, itaque,
ita, ita, ita, ita, itaque.
Sunt impleta,
que predixit Gabriel.

Wir wollen uns freuen und fröhlich
sein darüber
und deshalb.
Es ist erfüllt,
was Gabriel vorhergesagt.

58. Flevit lepus parvulus
Häsleins Klage

1. Flevit lepus parvulus
magnis clamans vocibus:
quid feci hominibus,

   quod me sequuntur canibus?

2. Aures meas erigo,
saltum longum facio,
quid – et cetera.

3. Ortum non intravi,
caules non comedi,
quid – et cetera.

4. Per diem ego dormio
cum aperto oculo
quid feci ...

5. Per noctem ego vigilo,
caules multum comedo,
quid – et cetera.

6. Septunguinam non intravi,
pisces non comedi,
quid – et cetera.

7. Urbem non ascendi,
reginam non aspexi,
quid ...

8. Carnes mee dulces sunt,
cutis mea mollis est.
hoc feci hominibus,
quod me ...

Es klagt das kleine Häslein
(und) ruft mit lauter Stimme:
Was habe ich den Menschen getan,
dass sie mich mit Hunden hetzen?

Meine Ohren spitze ich,
einen langen Sprung mache ich,
was – und so weiter.

[betreten,
Den Garten habe ich nicht
Kohl habe ich nicht verzehrt,
was – und so weiter.

Am Tage schlafe ich
mit offenem Auge
was habe ich getan ...

Des Nachts wache ich,
den Kohl genieße ich gar sehr,
was – und so weiter.

[betreten,
Den Fischteich habe ich nicht
Fische habe ich nicht verzehrt,
was – und so weiter

[gestiegen,
Zur Stadt bin ich nicht hinauf-
die Königin habe ich nicht erblickt,
was ...

Mein Fleisch ist wohlschmeckend,
mein Fell ist weich.
das habe ich den Menschen getan,
dass sie mich ...

59. Die Vogelhochzeit

(1) De kuckuk unde de reygere,
de ghyngen water weyeren,
do kam de sperewere
unde vragede vryssche mere:
(5) ift de maghet utegheven
    were.
de nachtegale was de brut,
de valcke gaf de maghet ut.
de hossegram
was de brodegam,
(10) de meyse
de schot (?) de daghe reyse.
de brut de scholde to der
    kerken gan,
de paghenhut war or ummedan.
se hadde so mannyghen stolten
    speleman.
(15) de su de droch dat wyrok
    vat
vor der brut al dar se sat.
de antvogel de brachte [dor]
der brut de pes dar vor.
de grave ghans de myssen sang,
(20) de pawe to dem opper
    drang,
de wyge
de helt de kosterye.
do dyt allent was ghedan,
de tafele wol bereydet stan.
(25) dar was enoch
unde alle, des me scholde han.
de swarte raven was dar kok,
dat schynt an synen kleyderen
    noch.

Der Kuckuck und der Reiher, die
    gingen ans Wasser zum Weiden,
da kam der Sperber
und fragte (nach) neuen
    Nachrichten:
ob das Mädchen aufgeboten wäre.

Die Nachtigal war die Braut,
der Falke bot das Mädchen auf.
Der Uhu
war der Bräutigam,
die Meise,
die machte (?) eine Tagereise.
Die Braut, die sollte zur Kirche
    gehn,
der Schleier war ihr umgelegt.
Sie hatte so manchen stolzen
    Spielmann.
Die Sau, die trug das
    Weihrauchfaß
vor der Braut, wo sie saß,
Die Ente, die bot dort
der Braut den Friedensgruß dar.
Die graue Gans die Messe sang,
der Pfau (sich) zu dem Opfer
    drängte,
die Weihe,
die besorgt die Küsterei.
Als dies alles war getan,
die Tafel wohl bereitet stand.
Da gab es genug
und alles, was man haben wollte.
Der schwarze Rabe war der Koch,
das schimmert an seinen Kleidern
    noch.

de buntte kraghe	Die bunte Krähe,
(30) dat was kokemesters saghe.	die war des Küchenmeisters Vorkosterin.
de katte was dat kamerwyf,	Die Katze war die Kammerfrau,
se was snelle unde wys,	sie war schnell und weise,
or wart eyn drop,	sie bekam einen Tropfen ab (vom Kochlöffel),
se lep drovychlyken enwech.	da lief sie verdrießlich hinweg.
(35) de ule kam to den brenden,	Die Eule kam zum Herdfeuer,
se wolde de braden wenden,	sie wollte den Braten wenden,
or wart eyn drop,	sie bekam einen Tropfen ab
se lep drovechliken enwech.	und lief verdrießlich hinweg.
de hunt de wusch des schotelen,	Der Hund wusch die Schüsseln,
(40) de brut de was syn nychtele.	die Braut war seine Nichte.
de wulf de was de marschalk,	Der Wolf, der war der Marschal,
vol so vult he synen balch.	gar voll füllte er seinen Balg.
de bunte specht	Der Buntspecht,
dat was jo des bungers knecht.	der war der Trommel Knecht.
(45) se slogen uppe de bungen;	Sie schlugen auf die Trommeln;
se alle sprungen	(da) sind sie alle gesprungen
myt der brut	mit der Braut
boven to den versten ut.	oben zum First hinaus.
Deo gracias.	Dank sei Gott.

60. Strafpredigt an die Nonnen

... und geistlike sorores! ik hadde Juw dar nicht na uthgesandt, / dat gy Juw mancket dey luden so scolden maken bekannt. / Ik hebbe van Juw gehort, / dat Juw noch temet noch borth, / dat gy Juw na eynem vordruncken und vorlopen monnicke hebben dwungen / und myt ome umbesprungen, / de sunder twivel full luse hefft gekrapen / und steit to frochtende, / he by Juw hebbe geslapen / unde de luse Juw in groter leve unde frunthschopp hebbe nagelaten. /
Juw hefft nicht vordroten, / alze de prophete heff gesproken, / noctem verterunt in diem. / Wy kunnen des speles nicht vortigen, wy moten noch umbespringen myt der flegele, er wy gan up unse legere, wu gy nhu furder hebben myt om conversert unde sine licentia juwe gave om participert. /

dar ik juw nhu van unmode nicht mer wille van scriven, / idoch en schal id hir nich by bliven, / ik wil my des beth befragen, / wu ik hir moge by faren / besunderken cum confessore. /

... und geistliche Schwestern, ich hatte Euch nicht dazu ausgesandt, daß Ihr Eure Fehler den Leuten so bekannt machen sollt. Ich habe von Euch gehört, dass Ihr weder geziemend noch gebührlich, dass Ihr Euch zu einem versoffenen und entlaufenen Mönch hingezogen gefühlt habt und mit ihm umgesprungen seid, der ohne Zweifel voller Läuse gesessen hat, und es steht zu befürchten, dass er bei Euch geschlafen hat und die Läuse Euch in großer Liebe und Freundschaft dagelassen hat.
Es hat Euch nicht verdrossen, so wie der Prophet gesprochen hat, die Nacht zum Tage gemacht zu haben. Wir können uns dieses Spieles nicht rühmen, wir müssen noch umspringen mit dem Besen, bevor wir uns (wieder) in unser Bett begeben, wo Ihr nun vorher Euch mit ihm unterhalten und ohne Erlaubnis Eure Gaben mit ihm geteilt habt.
Nun (aber) will ich Euch meinen Unmut nicht mehr beschreiben Jedoch soll das hier nicht auf sich beruhen bleiben. Ich will mich im Gebet befragen, wie ich hiermit umgehen soll, insbesondere auch mit dem Beichtvater.

dar gy schult vorkomen cum tremore et rubore. / he wil my des wol bestan, / dat gy dignam penitentiam hur vor entfan, / he secht: komet se my hurmede vor de platen, / ik wil id so myt en ansetten, se scullen dat wol mer laten, / ik en wil des nicht van en lyden, / dat se soden unlucke schullen driven. /

scolde ik sodens vele mer van on horen, / wolde ik raden, dat se nummer mer uth foren, / ik hebbe my hir to ser over gremet, / alze my dat wol temet, / ik sege id alle tit gerne gut, / sunder dar ruchte gheit nhu leider aver alle luth, / duth kan me ovel stillen, / hir moget se umme don, wat se willen, / se hebben sick an om sus behaget, / dat ome de hyp hefft gewaget / unde hebben ome ok gebichtet / unde alle ore hemelheit ome underrichtet. /

sum enim contentus, / he wil ok noch wol wesen tediosus et sompnolentus / vernilis domina wy mogen myt one nicht dispenseren, / wy moten se gravissime emenderen, / wy willen se myt dem monnicke in den brassun bringen, / dat se almede to hope upspringen. / duth willen wy uns nicht laten affbidden, /

Zu ihm sollt ihr vortreten mit Zittern und Scham. Er wird mir das wohl bestätigen, daß ihr eine angemessene Strafe hierfür erhalten (müsst). Er sagt: Kommen sie hiermit vors Gesicht, will ich es so mit ihnen anstellen, dass sie das wohl sein lassen sollen. Ich will das nicht von ihnen dulden, dass sie solch Unfug je wieder treiben.

Sollte ich solches noch von ihnen hören, möchte ich raten, dass sie nie mehr Ausgang bekommen. Ich habe mich so sehr darüber gegrämt, wie es mir wohl zukommt. Ich sage von ihnen immer gerne Gutes, aber das Gerücht geht nun leider um bei allen Leuten. Das kann mich übel stimmen. Hier mögen sie immer tun, was sie wollen, sie haben an ihm solch Gefallen gefunden, dass er den Streich gewagt hat, und sie haben auch gebeichtet und ihn von all ihren Heimlichkeiten unterrichtet.

Ich bin nämlich gespannt, er soll wohl auch noch eklig und eine faule Schlafmütze gewesen sein. Eine freche Frau möchten wir mit ihm nicht lossprechen, wir müssen sie aufs heftigste bessern. Wir wollen sie mit dem Mönch ins Gefängnis bringen, dass sie damit gemeinsam aufspringen. Das wollen wir uns nicht abbitten lassen, dass sie

dat se ok alle vor uns in de venien ghingen liggen, / de senaten / mit allen juraten / vortmer curere ik juw cum præposito nostro. provisore sunt ... penam imperare / et aquam ieunare / virgis per flagellas ...

auch alle für uns um Vergebung bitten muss, die Senatoren mit allen Rechtsberatern. Zuvor kuriere ich Euch mit unserem Vorgesetzten, Sie sind fürsorglich, ... tragen eine Buße auf und mit Wasser zu fasten, mit Ruten und durch Geißeln ...

61. Brief der Äbtissin Katharina

... juwer werdigen leven frouwen to malen fruntliken vor alle
... et cetera schonen guden honnichkoken my kortliken gesend bet
... valen groten willen hebben anbewiset se sind
... nte in unser leven frouwen dagen hebbe ik dusse item oge
... ik noch wes to leyde also we dar alle medde to
... god de here wedder belone dusent volt. Ok dancket

... vorgescreven gave / se hebben alle unsen heren got vor juw
... se ok alle tyd willen gerne don et cetera. Item leve
... laten myt der ergevingen (?) de ik juck schuldich byn
... medde hebben vel gude (?) gescreven in groster hast.

    Katharina ebdische
    In wynhusenn

... Eurer werten lieben Frau zumal freundlich für alle ...
... und so weiter, schönen guten Honigkuchen mir kürzlich gesandt bei ...
... vielen großen Willen bewiesen. Sie sind ...
... in den Tagen unserer lieben Frau habe ich dieses gleichfalls im Auge ...
... ich noch zu leiden hatte, so daß wir da alle mit zu ...
... Gott der Herr wieder tausendfach belohnen wollte. Auch dankt ...
... vorgeschrieben gab. Sie haben alle unseren Herrn für Euch ...
... sie auch allzeit gerne tun wollen usw. Ebenso, liebe ...
... lassen mit der Ergebenheit, die ich Euch schuldig bin ...
... mit haben viel Gutes, geschrieben in großer Eile ...

    Katharina, Äbtissin
    in Wienhausen

Eine Notiz

E mar h(ab)ebit
In Dernborch

... ... (?) wird erhalten
in Derneburg.

Anmerkungen

Die Angabe der Fundstellen in anderen Handschriften oder Sammlungen ist überwiegend der Ausgabe von Paul Alpers entnommen.

1. Puer nobis nascitur

Blatt 2a, Wackernagel I, Nr. 327 – 331; Bäumker I, Nr. 95

Ein Benedicamus-Tropus

5, 1: *o - i - e - o* sind Vokale, die abkürzend an Stelle ganzer Wörter stehen. Eine entsprechende Folge findet man häufig in der Psalmodie: e - u - o - u - a - e bedeutet die abschließende Silbenfolge der kleinen Doxologie mit dem zu singenden Text »sæ-cu-lo-rum a-men«. Die Bedeutung der hier zitierten Vokale ist unklar, es können einfache Rufe gemeint sein, vielleicht verbirgt sich aber auch dahinter der alte Weihnachtsruf »no - i« oder »no - e«, der anstatt des Alleluja-Rufes gebraucht wird.

2. Puer natus hodie

Blatt 2b, Der Text ist aus mehreren Weihnachtsliedern zusammengestellt, z. B. Wackernagel I, Nr. 331, 334, 340, 354. Der Ruf *e - o, concio* erscheint nur hier.

Ein Benedicamus-Tropus mit einem melodischen Zitat aus dem Weihnachts-Introitus »Puer natus est« (das Kopfmotiv).

1, 2 und Parallelen: *e - o* wird gedeutet als He - ho! oder Hallo!, ein Weckruf oder eine Aufforderung zu weihnachtlichem Singen und Tanzen. Das Wort »contio« ist die übliche lateinische Übersetzung des griechischen Wortes εκκλησία (ekklesia = Kirche), womit auch die Ortsgemeinde gemeint sein kann.

3. Resonet in laudibus

Blatt 3a – 4a, Wackernagel I, Nr. 353, verbunden mit 348 und 349, Erk-Böhme, Nr. 1935; Das Canticum »Nunc dimittis« wird nur in der Wienhäuser Fassung gebracht.

Eine Cantio auf Christi Geburt mit eingeschobenem »Canticum Simeonis« im 5. Psalmton. Das Wienhäuser Liederbuch bringt nur den 1. Vers des Canticums. Der vollständige Text dieses Canticums (Lk. 2, 29 – 32) ist hier am Schluß des Liedes ergänzend hinzugefügt.

4. Puer natus in Bethlehem

Blatt 4a – 5a, Wackernagel I, Nr. 312, 313, 316; Erk-Böhme Nr. 1930, Bäumker I, 193 ff.

Ein Benedicamus-Tropus zur Weihnacht

1, 6: Hs *verbo*, das würde lauten: durch das Wort (des Engels) hat sie einen Sohn empfangen. Dabei fehlt aber das eigentliche Subjekt des Satzes. Daher nehmen wir einen Schreibfehler an und setzen stattdessen »Virgo«; 3, 4: Hs *salutent* = sie sollen begrüßen, alle anderen Lesarten haben »salutant«.

5. Missus est per sidera

Blatt 5a – 6a, Wienhäuser Eigenlied, bisher unveröffentlicht.

Ein Tropus zum "Ave Maria", jede Strophe enthält einen Satz aus dem Gruß des Engels. Strophe 5 bringt zusätzlich ein Zitat aus der Marianischen Antiphon »Salve Regina«.

3, 3: wörtlich: Die Könige – Heil dem Vorausgeschenk des Stalles! – lädt er ein zum Lohn.

5, 5: Der Text ist dem Reim nach richtig, der Beziehung nach muss er umgestellt werden: »in via« gehört zur vorangehenden Zeile, »benedictus« zur folgenden: »et benedictus fuctus ventris tui«, also mit dem voranstehenden »tu« ergänzt wörtlich: ... »du und die gebenedeite Frucht deines Leibes«.

6. Dies est lætitiæ in ortu regali

Blatt Nr. 6a – 7b, die 3. Strophe auf Blatt 8 nachgetragen, Wackernagel Nr.332, Bäumker I, 288

Eine Cantio auf Weihnachten

2, 1f: Eine theologische Aussage, die das Paradoxon der Menschwerdung Gottes mit Hilfe unvereinbarer Gegensätze ausdrücken will, zunächst bezogen auf Maria, die auch Tochter des Vaters genannt wird, welcher als der transzendente Gott als Sohn von ihr geboren wird, also Mutter und Tochter zugleich.

2, 5: Die Handschrift läßt auch den Begriff »scruus« (= Richter) als Lesart zu, aber bezogen auf die eben betonten Gegensätze muss wohl die Deutung »servus« (Sklave) als Gegensatz zu »dominus« (Herr) bevorzugt werden.

3, 10: Ein weiterer Gegensatz: der »Alte der Tage« wird Kind. Dieser Begriff bezieht sich auf eine Stelle aus dem Propheten Daniel (Dan 7, 9 – 14) als Hinweis darauf, daß Christus selbst identisch ist mit Gott und seine Geburt zugleich den Beginn des Weltgerichts (des Eschatons) anzeigt, ebenfalls eine Gleichsetzung von Vater und Sohn.

7. Resurexit dominus

Blatt Nr. 7b – 8a, Wackernagel Nr. 409 ohne den niederdeutschen Kehrvers, dieser steht in einer Hildesheimer Handschrift von 1478 (Ndd. Jb. V [1879], S. 47), im Ebstorfer Liederbuch Nr XVIII (KlA Ebstorf Hs VI 17, vgl. Giermann, Härtel, Die Handschriften des Klosters Ebstorf, Wiesbaden 1994) und eine ältere Version in Medingen (lt. W. Lipphard, Z. f. kath. Theol. 94 [1972], S. 181.)

Ein Bededicamus-Tropus auf Ostern

1, 7: Die Vokalfolge a – e – u – a steht als Abkürzung für die Fortsetzung des Rufes »Alleluja« (s. o. Lied Nr. 1)

8. Ut petra non læditur – Felix est puerpera

Blatt Nr. 8b; Wienhäuser Eigengut, bisher unveröffentlicht.

Zwei Verse über die Jungfräulichkeit Mariens. Vielleicht handelt es sich um zwei versprengte Strophen unbekannter Marienlieder.

Z. 1: Mit dem Begriff »petra« (wörtlich: Stein) muss wohl ein Glasstein gemeint sein.

Z. 5 – 10: In diesen Zeilen wird Bezug genommen auf Lk 11, 27.

9. Tempus adest gratiæ

Blatt 8b – 10a, vergl. Chevalier, Nr. 20 323; Die Melodie ist Wienhäuser Eigengut.

Ein österlicher Bededicamus-Tropus, eine letzte Strophe mit dem Vers »Deo gratias« fehlt

2, 4: wörtlich: ... für uns, die in das Dunkel gefallen sind.

10. Hæc dies

Blatt 10b – 11a, Mone I, Nr. 170

Eine österliche Cantio. Sie zitiert liturgische Gesänge der ganzen Osterzeit.

1, 1: Hæc dies = Gradualien der Osterwoche
1, 5: Resurrexi = Introitus des 1. Ostertages
1, 27: Quasi modo geniti = Introitus des Weißen Sonntags (2. So.)
2, 1: Jubilate = Introitus des 4. Ostersonntags
2, 2: Cantate = Introitus des 5. Ostersonntags
2, 5: Vocem jucunditatis = Introitus des 6. Ostersonntags
2, 6: Misericordia = Introitus des 3. Ostersonntags
2, 23: Exaudivit = Introitus an den Bittagen,
      das sind die 3 Tage vor Christi Himmelfahrt
3, 2: Hs. *schandit*
3, 6: Viri Galiæi = Introitus von Christi Himmelfahrt
3, 23: Cibavit = Introitus am Pfingstmontag
3, 29: Spiritus Domini = Introitus des Pfingstsonntags

Auf Seite 11a stehen noch 3 Eintragungen, von denen die erste »Hic nichil deficit ...« wohl als spöttische oder ironische Anmerkung beurteilt werden muß. Nach Janota deutet dieser Spruch auf einen männlichen Schreiber (Kleriker) hin, der den ganzen hier endenden ersten Teil verfasst haben könnte. Die zweite Eintragung »D cedit sub tecto ...« ist ein Rätselspiel mit Buchstaben, das wohl niemals mehr gelöst werden kann. In der dritten »Dudum transiit Maria ...« wird offenbar durch den Vorübergang einer Frau namens Maria die Schreiberin an die hl. Jungfrau Maria erinnert.

11. Audiat vestra caritas

Blatt 11b – 12a, Wienhäuser Eigengut, bisher unveröffentlicht

Eine weihnachtliche Cantio

Da die 5. Strophe mit einem neuen Blatt (12a) beginnt, vermutet Alpers hier den Beginn eines neuen Liedes. Es ist unklar, durch welche Überlegungen Alpers zu dieser Annahme kommt, zumal er die Zusammengehörigkeit aller 7 Strophen nicht ausschließt. Strophenbau mit der Wiederholung der 4. Zeile, Reime und der Sinnzusammenhang weisen eindeutig darauf hin, dass alle 7 Strophen zu einem einzigen Lied gehören.

1, 1: wörtlich: Eure Liebe möge hören.

12. Geistliche Minne

Blatt 12a – 13a, Der Anfang des Textes steht auch im Liederbuch der Anna von Cöln, der Ursprung ist niederdeutsch oder niederländisch.

3, 1: Hs *verblekede*; 3, 4: Hs *noch*; 5, 4: *wil* übergeschrieben; 6, 3: hinter *ik* ein Wort durchgestrichen, vermutlich *mik* und durch *se* ersetzt; 9, 1: Hs *vor smalte*

13. Zachäus

Blatt 13a, Dreves I, Nr. 147, vgl. auch Chevalier, Nr. 22 246

Ein Benedicamus-Tropus zur Kirchweih, von anderer Hand geschrieben, offenbar eingefügt auf einem noch freien Platz der Seite 13a.

2, 1: Hs. *transsiens*; 6, 1: *ut*; 7, 2: Hs. *gratias* fehlt, hier ergänzt.

14. In dulci jubilo

Blatt 13b, lat.–ndd. im Liederbuch der Catharina Tirs und weiteren Handschriften (vgl. Alpers, Ndd. Jb. 69/70 [1943/47]), lat.–hochdeutsch u. a. bei Wackernagel II, Nr. 460 ff und Hoffmann von Fallersleben, In dulci jubilo, S. 46 ff; lt. Alpers die älteste Niederschrift dieses weit verbreiteten Liedes.

Ein Weihnachtslied mit lateinisch-deutschem Mischtext.

1, 1: Hs. *Dulcis jubilus*, hier den bekannteren Fassungen angeglichen; 1, 2: Hs. *synet*; 1, 7 – 9: Hs. nur g^o (ergo), der fehlende Text ist nach anderen ndd. und ndl. Hss. ergänzt; 2, 4: Hs. *du*.

15. Non sum ovis perdita

Blatt 14 a und b, Wienhäuser Eigengut

Ein Osterlied in lateinisch-deutschem Mischtext

Die Notierung dieses Liedes ist fehlerhaft, somit ist eine eindeutige Melodieführung nicht auszumachen. Der Anfang der 2. Strophe ist im Vergleich zum Anfang eine Linie zu hoch (von »a« aus) notiert, An einer bestimmten nicht auszumachenden Stelle muss also ein Terzsprung abwärts vollzogen werden. Das Problem besteht darin, dass die Finalis nicht mit dem Grundton identisch ist, was jedoch die Notierung des 2. Strophenanfangs anzeigt. Durch Hinzufügen eines b–Vorzeichens ließe sich eine schlichte Melodie in jonischer Ton- art rekonstruieren. Dabei muß der Terzsprung kurz vor dem Strophenende erfolgen. Nimmt man aber dieses Problem in Kauf, setzt nur den Anfang der 2. Strophe eine Terz tiefer und belässt die strengere Notierung im 5. (lydischen) Ton ohne ein Vorzeichen, so ergibt sich eine erstaunliche melodische Ähnlichkeit mit der Magnificat– Antiphon des Ostermontags, weshalb dieser Ausführung hier der Vorzug gegeben wird.

Was die Bemerkung »Item aliud« am Schluss nach dem *Amen* bedeuten soll, ist unklar. Vielleicht steht sie dem folgenden Lied, das in der nächsten Zeile beginnt, voran in dem Sinne: »Noch ein anderes Lied.«

16. Verkündigung und Christgeburt

Blatt 14b, Wienhäuser Eigengut

Ein Lied mit lateinisch–deutschem Mischtext weihnachtlichen Inhalts.

1, 3: Hs. *or*, verbessert in *syn*; 7, 3: Hs. *was* übergeschrieben; 7, 4: Hs. (abgekürzt) *b et a*.

17. Biblischer Rat

Blatt 15 a/b, Wienhäuser Eigengut

1, 2: wörtlich: *von den alten Weisen*. Hiermit sind sicher nicht nur die biblischen Weiheitslehrer gemeint, sondern es wird auch ein Bezug hergestellt zu den Lesungen im monastischen Stundengebet, die neben der Heiligen Schrift auch den Schriften der Kirchenväter (Ambrosius, Augustinus, Gregorius, Johannes Chrysostomus u.a.) entnommen sind.

2,1: Hs. *wolgen*, der stimmhafte Labiallaut »w« ersetzt häufig das stimmlose »v« oder »f«, offenbar eine sprachliche Eigenart der Gegend; 8, 3: Hs. *vro edder spate* soll durch Kennzeichnung a) und b) umgestellt werden offenbar aus Gründen des Versmaßes; 9, 1: Hs. $g^o t'$ = grote.

18. Der Esel in der Schule

Blatt 15b – 16a, niederdeutscher oder niederländischer Herkunft, in einer Wiener Handschrift überliefert in: Hoffmann v. Fallersleben, In dulci jubilo, S. 85. Hier finden sich auch zwei Zusätze:

Nota bene misticum sensum huius carminis, quod datum fuit in bryle in anno domini 1400 = Beachte wohl den geheimnisvollen Sinn dieses Liedes, das aufgezeichnet wurde in Brühl im Jahre des Herrn 1400.

Ante multos annos datum fuit in hildensem quum admodum audiui anno dom. 1425 = Vor vielen Jahren aufgezeichnet in Hildesheim, wie ich es zumindest gehört habe im Jahre 1425.

1, 5: Hs. *scho;* 3, 4: Hs. *oblivissi;* 6, 4: Hs. *sack* übergeschrieben; 7, 4: Hs. *potest;* 9, 4: Hs. *misse* fehlt; 13, 3: Hs. *des;* 14, 3: Hs. *dra.*

19. Nachfolge Christi

Blatt 16a – 17b, in mehreren Handschriften u. Ausgaben überliefert.
Niederdeutsch: Kopenhagener Hs. von 1423 (Ndd. Jb, VII [1881], S. 3); Werdener Ldb. Nr. 23; Ldb. der Cath. Tirs, Nr. XLV; Ldb. d. Anna v. Cöln, Nr. 39; Jellinghaus, S. 41;
Niederländisch: Hoffmann von Fallersleben, Horæ Belgicæ X, Nr. 81; Knüttel (Löwener Druck von 1577);
Hochdeutsch: Wackernagel II, Nr. 847; Melodie bei Hommel

Ein Dialog zwischen dem Herrn und der Seele über das Kreuztragen (in Bezug auf Mk 8, 34 par). Dort, wo die Angabe der jeweils sprechenden Person *(Dominus* oder *Anima)* fehlt, ist sie ergänzt und in Klammern gesetzt. Im übrigen weist der Wienhäuser Text im Vergleich zu den anderen Lesarten starke Abweichungen auf und behauptet so eine Sonderstellung.

1, 3: Hs. *wolghe;* 1, 3: *na* übergeschrieben; 2, 2: *dore* wörtlich töricht, hier interpretiert als »naiv«, d. h. kindlich zart, schwach. Diese Deutung wird auch durch das Ldb. der Anna von Cöln unterstützt, dort steht *tere* (= zart) statt *dore.* 3, 3: Hs. *klot;* 7, 4: Hs. *de;* 9, 3: Hs. *pant* = Pfand, verbessert in *punt* = Pfund (Last) des Reimes wegen; 13, 3: Hs. *trost,* auch hier wegen des Reimes *rast;* 13, 4: Hs.

wast; 15, 1: Hs. *hymmerike*; 15, 4: *unde anders neyn* (Z. 2) hinter *cruce* irrtümlich wiederholt; 17, 3: Hs. *ik my di*, das Wort *my* als unnötige Wiederholung weggelassen; Seite 17b ist nur zu einem Viertel beschrieben, der Rest bleibt leer.

20. Mariä Verkündigung

Zettel zwischen Blatt 18b und 19a, auch im Ebstorfer Liederbuch überliefert (Nr. XV).

Eine Strophengliederung ist in diesem Liede nicht gekennzeichnet, doch läßt sich eine solche aus den Sinnzusammenhängen entwickeln. Dabei muß in Strophe 1 eine fehlende, unbekannte 4. Zeile ergänzt werden, vielleicht auch in Strophe 7.

1, 1 – 2: Hs. hinter *vader* und *tron* ist eingefügt *got*; 2, 3: Hs. *ihe sprak*; 4, 3: Hs. *macht*; 5, 2: Hs. *ko*, ergänzt zu *komen*; 6, 3: Hs. *in de*.

21. Der Judenfrevel von Breslau

Blatt 18a – 19b, ein »geistlicher Bänkelsang« niederländischen Ursprungs, enthalten im Werdener Ldb. Nr. 21; in einer Marburger Hs. von Hildebrand von Hardengsen, 1461 (Ndd. Jb. XVI [1890] S. 41) und bei Hoffmann v. Fallersleben, Horæ Belgicæ X, Nr. 118. Als Autor wird genannt Jacob van Roden, lt. Alpers: Jacob von Ratingen (bei Düsseldorf), die Jahreszahl des Ereignisses ist 1453.

Die Melodie hat zumindest streckenweise eine starke Ähnlichkeit mit der des jüngeren Hildebrandliedes von 1544 (Meier, Hoffmann v. Fallersleben). Damit ist anzunehmen, dass hier die älteste Fassung für die Melodie des Hildebrandliedes vorliegt und gleichzeitig ein Zeugnis für die mittelalterliche Ballade.

1, 2: *got* übergeschrieben; 1, 8: *cristenheyt* ergänzt; 2, 2: *to* übergeschrieben; 3, 3: Hs. *clenen hostien*, des Reimes zu *algemeyne* (2, 1) wegen umgestellt; 3, 7: Hs. *iolden*; 4, 8: Datum des Michaelistages = 29. September; 5, 5: *se* ergänzt; 5, 8: Hs. *wart desant*, *ge* übergeschrieben; 6, 4: Hs. *wiff he he*; 6, 7: Hs. *oversten*; 7, 6: *sulven* ergänzt; 8, 4: Hs. *unsem ... dem*; 9, 5: *custer* ergänzt; 14, 2: Hs. *enwar* vor *iammers*, als unnötige Doppelung (zu *wis* = gewiss) weggelassen; 14, 4: Hs. *mangnich*; 16, 1: Hs *lerden* = (die) Gelehrten, statt dessen sinnvoller das niederländische *clercken* = (die) Kleriker, Geistlichen. 17, 4: Hs. *gesant* (vgl. 5, 8); 18, 5: Hs. *werhundert*; 19, 2: *joden* ergänzt.

22. Der Hostienfrevel von Blomberg

Blatt 20 a/b, ein Lied unbekannter Herkunft (Eigengut?). Der Autor Tirich Tabernes ist gleichfalls unbekannt. Sein Name (vielleicht abgeleitet von »Tabernarius« = Budenbesitzer, Krämer oder Gastwirt, also Dietrich der Wirt) deutet ebenfalls auf einen »geistlichen Bänkelsang« hin.

Dieses Lied ist flüchtig niedergeschrieben, enthält zahlreiche Fehler, Streichungen, Umstellungen, nachgetragene Zeilen. Am Schluss des Liedes bleibt etwa ein Drittel der Seite 20b frei.

1, 1: Die Initiale »N« fehlt bei freigelassenem Platz; 1, 2: Es folgt eine unpassende Zeile (mit Verweisungszeichen): *van Marien oren leven kynde*; 1, 3: Hs. *vyl;* 3, 1: Das 4. Wort ist unleserlich; 4, 3: Hs. *to*; 6, 2: hinter *dar* wiederholt *juk dar*; 6, 3: Hs. *h'gat*; 7, 1: Hs. *we* statt *wet*; 7, 2: Diese Zeile fehlt, nach dem Vorbild 6, 1 eingefügt; 8, 2 und 3: mit Ausnahme von *nicht vordreten* am unteren Seitenrand nachgetragen; im Textzusammenhang lautet die 3. Zeile: *se let sick vor nicht vortreten*; 8, 4: Hs. *wrap*; 8, 5: Hs. *leten hen se*; 9, 2: Hs. *strom*; 9, 5: Hs. *trone*, dieses Wort wäre auch denkbar; Zeilen 9, 4 und 5 sind vertauscht (mit Verweisungszeichen).

23. Dilectus meus

Blatt 21a – 22a, Wienhäuser Eigengut, in Noten und Schrift sorgfältig ausgeführt.

Eine Marianische Antiphon. Der Text ist dem Hohenlied (2, 10 – 12) entnommen. Der Responsorialvers »Veni« wird durch einen Tropus textlich erweitert, dessen biblische Bilder auf die Gottesmutter Maria bezogen sind.

1, 7: wörtlich: ... die Zeit des Baumschnitts, also der Frühling.

2, 5: wörtlich: Tuch des Taues. Es handelt sich um eine Anspielung auf das Buch der Richter (Ri 6, 36 - 40). Gideon erhielt von Gott ein Zeichen: Ein Fell, das er abends ausgelegt hatte, war am anderen Morgen nass vom Tau, während der Boden ringsum trocken war. Am nächsten Tag geschah dasselbe, aber genau umgekehrt, der Boden war betaut, das Fell trocken. Dieses Zeichen wird in christlicher Deutung auf die allheilige Gottesgebärerin Maria bezogen.
In gedanklicher Verbindung zu dieser Stelle steht eine Aussage in einer Sequenz von Adam von St. Victor:[23] »Ave, vellus Gideonis«, ein Zeichen dafür, dass dieses Bild eine beliebte Anspielung auf die Gottsmutter im 12. bis zum 15. Jahrhundert war.

2, 7: wörtlich vom Griechischen ορφανός (orphanós), die Waisen, im weiteren Sinne auch die Kopf- oder Führerlosen, hier bezogen auf „ductrix", die „Führerin der Führerlosen". Die Begriffe sind kreuzweise einander zugeordnet: »angelorum – rectrix« und »orphanorum – ductrix«.

2, 17 - 19: Die handschriftliche Zusammenstellungstellung »veni, gaudia æterna coronaberis« ergibt keinen Sinn (Gaudia æterna ist Akkusativ). Folglich ist hier wieder ein sich kreuzender Bezug vorzunehmen: »conferisti gaudia eterna« und »veni, coronaberis» (entsprechend 1, 8).

Im folgenden sind die Strophenanfänge hervorgehoben und so gekennzeichnet. Sie sind aber auch in der Wechselbeziehung der Reime deutlich erkennbar.

24. Maria, Himmelskönigin

Blatt 22b–32a, Wienhäuser Eigengut in lateinisch-deutscher Mischsprache. Über dem Text der 1. Strophe sind Notenlienien gezogen, eine Melodie ist aber nicht eingetragen.

8b: Hs. *inema*; Die Zeilen 2, 4 - 5, 5 - 8, 5 und 11, 5 stören im Strophenbau.

---

[23] Adam von St. Victor († 1177) war Kantor am Kloster St. Victor in Paris und gilt als einer der bedeutendsten Sequenzendichter Frankreichs.

25. Die himmlische Stadt

Blatt 23b, Wienhäuser Eigengut. Der Text folgt Offb 21, 10 ff.

In den Zeilen 2, 2 - 4, 1 und 5, 1 sind die Wiederholungen abgekürzt: *le*, *mu* und *por.*

26. Dies est lætitiæ in mundo totali

Blatt 24a, Wienhäuser Eigenlied, bisher unveröffentlicht.
Ein Osterlied in Anlehnung an das im Anfang gleichlautende Weihnachtslied (Nr. 6)

Zeile 2, 2 fehlt;   2, 3: Hs. *ex specato*;   4, 2: nicht adv. sondern adj. *veræ*;   4, 9: Eine Silbe ist gestrichen, daher ist das Wort kaum leserlich, obendrein noch verschrieben, wahrscheinlich: *seculis* (=sæculis);   6, 10: Hs. *vos*.

27. Das himmlische Jerusalem

Blatt 24a/b, niederdeutscher oder niederländischer Herkunft.
Ein anderes Lied über das himmlische Jerusalem, ebenfalls nach dem Bild aus der Offenbarung (Offb, 21, 10ff)

2, 3: Hs *de muren* wiederholt;   3, 2: Hs *begotenten*;   3, 4: Hs *scholden*;   4, 4: *name* fehlt;   6, 1: Hs *wolgen*;   6, 4: Hs *ere*;   7, 3: Hs *se wil se*.

28. Kreuzmeditation

Blatt 24b – 25b, ebenfalls enthalten im Ebstorfer Liederbuch Nr.VII (siehe auch Lied Nr. 7). Wahrscheinlich niederdeutscher oder niederländischer Herkunft.
Die Seele im Zwiegespräch mit dem heiligen Kreuz, später mit dem gekreuzigten Heiland, Gedanken bei der Betrachtung des Kreuzes.

1, 1: Hs. *telge strenge*;   3, 1: Hs. *do om*;   3, 2: Hs. *my* fehlt;   4, 2: Hs. *wich*;   4, 3: Die Zeile fehlt, nach dem Ebstorfer Ldb. ergänzt;   4, 5:

Hs. *so* fehlt; 5, 3: Hs. *liff*; 8, 3: Hs. *draden*; 10, 1: Hs. *wil*; 10, 2: Hs. *mot*; 10, 3: Hs. *en wakent*; 11, 3: Hs. *ringhe vor*; 13, 5: Hs. *speyele*; 15, 2: Hs. *so so*; 16, 1: Hs. *ik dy leff*; 18, 1: Hs. *»syn dyne«* zusammengezogen zu *»syne«*; 18, 2: Hs. *vor*; 18, 5: Hs. *schul*; 19, 4: Hs. Silbe *var-* fehlt, *we* geschrieben über *er*; 20, 1: Hs. *armen*; 24, 1: Hs. *eyn bunt eyn*; 24, 3: Hs. *se myt dy so mote dragen.*

Die Überschriften sind z. T. durcheinander geraten: Vor Str. 2 steht *Chr* statt *crux*, sie fehlt vor Str. 5, vor Str. 8 und 10 steht irrtümlich *Chr* und vor der 9. Str. *aia.*

29. Der himmlische Bräutigam

Blatt 25b – 26a; Ndl. bei Hoffmann v. Fallesleben, Horæ Belgicæ X Nr. 75, zwei weitere Lesarten bei Knüttel, hier übertragen aus dem Niederländischen, dabei z. T. unverstanden.

2, 4: Hs. *ware*; 4, 4: Hs. *vintres*; 5, 4: Hs. *lone*; 6, 4: *neyn* fehlt; 9, 2: Hs. *unde stedes*; 11, 1: Hs. *Ik my*; 11, 4: Hs. *vorborghen*; 16, 2: *herten* fehlt; 19, 2: Das erste Wort fehlt.

30. Christliche Tugenden

Blatt 26a; Wienhäuser Eigengut

Z. 2: Hs. *vtht'koren*; Z. 13: Hs. *is der*

31. Der göttliche Freund

Blatt 26b; ebenfalls enthalten im Ldb. der Anna von Cöln (Nr. 69).

Ab der 2. Strophe ist *»gaude«* abgekürzt mit *»g«*. 9, 2: Hs. *crcelyn*; 12, 2: Hs. *han.*

32. Frauentanz

Blatt 26b; Herkunft unbekannt, eine Hildesheimer Handschrift von 1478 enthält ein ähnliches Tanzlied: *Koningh David de herpet den danz* ... (hg. von K. Bartsch im Ndd. Jb. V [1879], S. 52). Die Erwähnung eines Tanzes zum Osterfest und die Beschreibung eines Brauttanzes stehen möglicherweise in Beziehung zu unserem Lied.

Der Text ist entstellt. 1, 3 und 1, 4 stehen am Ende des Liedes, müssen aber den Reimwörtern entsprechend hier eingeordnet werden.
1, 6: *in hymmelrike* fehlt; 2, 3: Hs. *de junc etc*; 1, 1 (die Wiederholung): Hs. *heff*.

Die fehlenden Wörter und der Text der 2. Strophe ist der oben genannten Handschrift entnommen.

33. Neujahrslied

Blatt 27a – 28a; Die Herkunft ist nicht festzustellen, Alpers vermutet eine Übertragung aus dem Hochdeutschen. Das Geschehen mit den beiden Hebammen wird berichtet im Protevangelium des Jakobus (19, 1 – 20, 4), ferner in der Legenda aurea »Von der Geburt des Herrn«. Hier wird auch »Zebel« als Name der ersten Hebamme genannt (Legenda aurea, eingeleitet und übersetzt von Richard Benz, Gerlingen [11]1993, S. 49).

Als Autor des Liedes nennt sich ein Bruder Cornrad, von dem berichtet wird, er sei aus Liebeskummer seinem Kloster entlaufen (Glogauer [Berliner] Liederbuch von 1480, Bärenreiter-Verlag, Kassel, 1936 und Erk–Böhme III, Nr. 1728). Von ihm stammt wohl auch die lat.-hd. Parodie »Deus in adiutorium« (Frankfurter Archiv für ältere deutsche Literatur und Geschichte, III, 1815, S. 203) In unserem Liede erfahren wir, dass er später reumütig in sein Kloster zurückgekehrt ist (Strophe 20).

1, 2: Hs. *ghebet*; 5: Die Zeilen 3 und 4 sind vertauscht, Z. 3 lautet: *anbedede oren heren ere kynt, goddes sone*; 6, 3: Hs. *bademomen momen*; 7, 1: Hs. *Jozebel*; 11, 1: Hs. *eyne*; 16, 2: Hs. *erbar*; 17, 4: Hs. *vor schande unde vor schaden*; Im Strophenabschluß steht unterschiedlich *to* oder *tho*.

34. Trugwelt

Blatt 28a/b; Überliefert im Ebstorfer Liederbuch Nr. VIII (siehe auch Lied Nr. 7), ebenso in einem Rostocker Einzeldruck (Wiechmann–Hoffmeister, Mecklenburger Altniedersächsische Literatur III [1885]), in einer Hamburger Handschrift (Stadtbibliothek, Hss. aus dem Convent Nr. 1, S. 167) und bei Jellinghaus, ferner niederländisch mit starken Abweichungen veröffentlicht von W. Bäumker in: Vierteljahresschrift für Musikwissenschaft IV [1888], S. 229 – 231.

Ein Lied in der Form des Meistersangs mit dem Ablauf A A / B.

1, 19: »*de dope*«, wörtlich: die Taufe, nach Ebstorfer Lesart wird der Sinn deutlicher: *de dope der ruwe* = die Taufe der Reue, gemeint ist also eine Bußtaufe zur Vergebung der Sünden; 2, 1: *were* fehlt; 2, 3: Hs. *brachte*; 2, 8: nach anderen Lesarten ergänzt; 3, 1: Hs. *konnighe*; 3, 5: Hs. *nacht*; 3, 8: *den* ergänzt; 3, 15: Hs. *syne*; 3, 18: »licham«, wörtlich: Leichnam, steht hier in der Bedeutung von „Fronleichnam", der Leib Christi (das Abendmahl) als „viaticum" (Wegzehrung) in der Stunde des Todes; 3, 20: Hs. *ge* zuerst ausgestrichen, dann dahinter *gesten*.

35. Das himmlische Haus

Blatt 28b; Das Lied steht im Ldb. der Catherina Tirs, dort aber mit 11 Strophen. Der ersten drei Strophen sind identisch, die 4. Strophe unserer Handschrift ist zusammengesetzt aus Zeilen der 4., 5. und 7. Strophe des längeren Liedes, daher hier auch das unpassende Reimwort *sure* (4, 4).

2, 3: Hs. *waste*; 3, 3: Hs. *dat dat*; 4, 4: Hs: *gar gelick se* = gar bald entlohnt sie uns ...

36. Weihnachtsjubel

Blatt 29a; Str. 4 und 5 stehen auch bei Erk–Böhme, Herkunft der übrigen Strophen unbekannt (Wienhäuser Eigengut ?).

1, 1: Hs. *wullenbracht*; 1, 7: offenbar ein Wiegenvers; 5, 3: Hs: *virok;* Strophen 2 – 6: Abkürzungen im Kehrreim = *le* für leticia und *pl gr* für plena gratia.

37. Das Wunder von Bethlehem

Blatt 29a – 30a; Ein Lied unbekannter Herkunft (Wienhäuser Eigengut?)

Die Ereignisse, von denen in den Strophen 7, 14 und 15 berichtet wird, sind in der Legenda aurea verzeichnet (vgl. Anmerkung zum Lied Nr. 33 »Neujahrslied«, Legenda aurea, Seite 52).

Die Strophen 3, 9, 12, 13 und 15 besitzen eine zusätzliche 7. Zeile, die nicht in den Aufbau passt. Vielleicht verstehen sich diese Verse als Hinweise oder Erläuterungen. Im Text sind sie in Klammern gesetzt: 3, 1; 9, 1; 12, 1; 13, 3; 15, 1.

1, 2: Dieser Hinweis bezieht sich auf eine biblische Aussage in Joh 8, 56; 1, 3: Hs. *wyl*; 1, 4: Hs. *If* oder *It; vorluchte*; 3, 6: *dar* am Anfang der folgenden Seite wiederholt; 4, 2: Hs. *suken*; 4, 5: Hs. *sone* statt *moder*; 6, 3: *worden* fehlt; 6, 4: Hs. *warl to war*; 7, 6: Hs: *ko*; 8, 2: Hs. *olt dat*; 11, 1: Hs. *wol*; *do* übergeschrieben; 12, 5: Hs. *mochlik*; 13, 2: Hs. *kind* fehlt.

38. Die geistliche Mühle

Blatt 30 a/b; Niederdeutsch überliefert im Ebstorfer Ldb. Nr. 1 (siehe auch Lied Nr. 7), im Werdener Ldb. und in einer Kieler Hs. (Ndd. Jb. III [1877], S. 86 ff.), niederländisch bei Hoffman v. Fallersleben, Niederl. geistl. Lieder, Nr. 121, hochdeutsch bei Wackernagel (Nr. 1067 ff.) und Erk–Böhme (Nr. 2146)

Dieses Lied ist niederdeutscher Herkunft (Alpers vermutet Mecklenburg). Inhaltlich soll es eine allegorische Deutung der Heiligen Messe sein (U. Steinmann, Das mittelniederdeutsche Mühlenlied, in: Ndd. Jb. Nr. LVI/LVII [1930/31]). Das kann aber nicht zutreffen, da sich die Bilder auf Christus und die Kirche beziehen und somit eher in dieser Richtung zu deuten sind: Die Basis für die Kirche ist das Alte

Testament (Moses und die Propheten). Auf dieser Basis wird Christus geboren, seine Botschaft wird verkündet von den Evangelisten und ausgelegt durch die Kirchenväter. So wird die Kirche für alle Gläubigen zum Urquell der göttlichen Gnade.

1, 2: Hs. *wur*; 2, 4 und 5: *wusten ik wo me bome vellen schal* am unteren Rand berichtigt; 3, 1: nach anderen Lesarten *oliven ok, dat nutte holt* = Oliven auch, das Nutzholz oder: (und) das Nussbaumholz; 4, 5: *wol* nachgetragen; 6, 4: Hs. *nacht*; 6, 5: *des* fehlt am Schluss der Seite; 7, 2 *myt* nachgetragen; 8, 5: *alle* nachgetragen; 10, 2: *weyten* feghlt; 11, 3: *worde* nachgetragen; 12, 1: *het* fehlt; 12, 5: *sick* fehlt; 19, 2: *schir* nachgetragen; 21, 5: Der Schluss ist verwischt und daher schwer zu lesen, dem Sinn nach muss es wie angegeben heißen, aber *nicht* statt Hs. *sick*.

39. Wienhäuser Klosterregeln

Blatt 31a; Die Nennung des Ortsnamens deutet auf Wienhäuser Eigengut hin. Dabei dürfte der Inhalt im Zusammenhang mit der bevorstehenden Klosterreform zu sehen sein, die im Jahre 1470 in Wienhausen von Hildesheim aus durchgeführt wurde. Den gleichen Text gibt es auch aus dem Kloster Wöltingerode in Braunschweig (Henrici). Es ist anzunehmen, daß er von Wienhausen aus nach Wöltingerode gelangt ist, zumal die Reform auch dieses Kloster erreichte, allerdings von Helmstedt aus.

1, 4 und 8: : *concordes federe* und *ergo kyrie* sind am Rand der ersten Zeile abgekürzt nachgetragen, Das zum Kyrie gehörende »eleison« wurde am Ende einer jeden Strophe ergänzt. 4, 7: *got* fehlt; 6, 1: Hs. *vigiles*;

40. Gruß an Maria

Blatt 31a; Wienhäuser Eigengut.

Die ungleiche Länge der Strophen (7, 6 und 5 Verzeilen) deutet auf eine fehlerhafte Niederschrift. Eine Umstellung wäre denkbar: 1, 2 nach 1, 4, dafür 1, 4 an den Schluß als 3, 6. Alpers macht einen ähnlichen Vorschlag.

1, 3: -*vat* fehlt; 1, 5: Hs. *konningynge*; 2, 4: Hs. *sant wart* = gesand ward, des Reimes wegen ersetzt durch *kam* (– *enfan*); 2, 5: Hs. *schat, eynfan*; 3, 2: *hat* fehlt; 3, 3: Hs. *gra*.

41. Ave Hierarchia

Blatt 31 b; Wackernagel I, Nr. 416

Eine Cantio auf Maria, die eine im Mittelalter beliebte Wortspielerei enthält: Jede Strophe des Liedes beginnt fortlaufend mit einem Wort aus dem "Ave Maria", so dass alle Strophenanfänge den Wortlaut des Grußes an Maria ergeben: »Ave Maria, gratia plena, dominus tecum, benedicta tu in mulieribus et benedictus fructus ventris tui.«

6, 5: *ut* ausgewischt, kaum leserlich; 7, 6: *et mola* fehlt; 9, 1: Initiale von *benedictus* fehlt; 1, 5: Hs. *t'reat*; 11, 6: *amen* ist doppelt geschrieben.

42. Landgraf Ludwig und die hl. Elisabeth

Blatt 32 a/b; Wienhäuser Eigengut, einzelne Strophen tauchen gelegentlich in anderen Liedern auf (vgl. Erk-Böhme, John Meier).

Eine Ballade vom Abschied und Tod des Landgrafen Ludwig von Thüringen und der Trauer der hl. Elisabeth. Einige Lebensdaten der hl. Elisabeth: * 1207 in Preßburg als Tochter König Andreas' II von Ungarn, lebte seit 1211 auf der Wartburg, 1221 Heirat mit Ludwig, Sohn des Landgrafen Hermann von Thüringen, Nach seinem Tode 1227 auf einem Kreuzzug geht Elisabeth nach Marburg, wo sie sich der Krankenpflege widmet. † 1231 in Marburg und wird daselbst begraben. Ob der Wienhäuser Bildteppich mit Szenen aus dem Leben der hl. Elisabeth die Entstehung dieser Ballade angeregt hat, ist möglich, aber ungewiß. Alpers berichtet von einem verloren gegangenen Lied, das um 1233 in der Gegend von Marburg gesungen wurde und möglicherweise Vorbild für das Wienhäuser Lied war. – Die hier berichteten Ereignisse finden sich auch in der Legenda Aurea.

2, 1: Hs. *den nacht*; 2, 3: *gode* übergeschrieben; 3, 4 Hs. *dernken* Schreibfehler aus *wedder keren*; 5, 4: Hs. *syn*; 6, 1: das zweite *here* nachgetragen; 7, 4: Hs. *wel haliger*, vielleicht ist das wiederholt vorkommende »halig« statt »heilig« die genau nachempfundene schriftliche Wiedergabe der mundartlichen Aussprache; 8, 1: Hs. *wrouwe*; 9, 2: Hs. *vlaschet*; 9, 4: *unde* eingefügt, Hs. *haliger*; 10, 4: Hs. *my*; 11, 3: *gy* fehlt; 12, 4: Hs. *eyn vel heydensk was dat viff*; 15, 4: Hs. *eyn vingeren van golde*, die erforderliche Umstellung wird gekennzeichnet durch Verweiszeichen „"; 18, 3: Hs. *du dar homoyt*; 19, 1: Hs. *se droch van*; 21, 3: Hs. *do*.

43. Maria zart

Blatt 33a – 34b; Wachernagel II, Nr. 1035 ff., ferner im Ebstorfer Ldb. Nr. III, im Werdener Ldb. Nr. 5, auf einem fliegenden Blatt aus Wien von 1520 (Ndd. Jb. XVI [1890]) und in einer Hamburger Hs (Ndd. Jb. XV [1889]). Aus dem Hochdeutschen übertragen ins Niederdeutsche.

1, 10: Hs. *dat ik nicht*; 1, 17: *dy* fehlt, *wenden*; 2, 6: *heffl* verbessert in *hell*; 2, 11 – 13: *dat* bis *sware* am unteren Rand nachgetragen; 2, 15: Hs. *gebere*; 2, 17: Hs. *dyn*; 3, 17: Hs. *schal*; 4, 7: Hs. *dorch mynen doyt*, Werdener Hs: *doer synen doot*; 5, 5: *sper* fehlt, 5, 5: Hs. *rot*, nach anderen Lesarten in *not* verbessert 5, 6: Hs. *saghte*; 5, 7: Hs. *blodes steff*; 5, 14: Hs. *wirserde*; 6, 7: Hs. *vlasche*; 6, 15: Hs. *dyne*; 6, 16: Hs. *sonen ihum*; 6, 18: Hs. *fristen*; 7, 15: in der Hs, aus *drevoldicheyt* verbessert in *drevoldichlike*; 9, 6: *se* fehlt; 9, 7: Hs. *vant hemelricke*; 9, 8: nach anderen Lesarten ergänzt; 9, 10: Hs. *dorn*; 10, 4: zu »Vlies des Gideon« vgl. Anmerkungen zu Lied Nr. 23 »Dilectus meus«, 2, 5; 10, 5: *kon* nach der Ebstorfer Hs. ergänzt; 10, 7: Hs. *wart;* 10, 9: Die geschlossene Pforte ist ein Bild für die Jungfräulichkeit Mariens nach Ez 44, 1 – 3.

44. Kreuzverehrung

Blatt 35a – 36a; Kommt in mehreren Quellen vor: Ebstorfer Ldb. IV, Ldb. der Cath. Tirs Nr. XVIII, bei Jellinghaus; niederländisch bei Hoffmann von F., Horæ belgicæ X.

Eine Kreuzbetrachtung, Alpers vermutet die stellenweise Umdichtung eines weltlichen Volksliedes und die Herkunft aus den Niederlanden.

3, 4: Hs. *an al* umgestellt mit Verweiszeichen; 6, 1: Hs. *garde*; 6, 2: Hs. *blode* korrigiert in *blomen*; 7, 1: Hs. *meynen*; 8, 4: *dyn* vor *myn* durchgestrichen; 11, 1: *heft* fehlt; 12, 2: Hs. *vrosten*; 13, 1: *syden* fehlt; 14, 2: *dar my* umgestellt mit Verweiszeichen; 14, 4: Hs. *kynne*; 15, 1: *leue*; 17, 2 und 3: in der Hs vertauscht; 17, 2: Hs. *den* verbessert in *des*; 17, 4: Hs. *wast*, dahinter *an* durchgestrichen; 24, 2: Hs. *here*; 25, 4: Hs. *vlyd* verbessert in *lyd*.

45. Marienminne

Blatt 36a; Wienhäuser Eigengut, aber fehlerhafte Niederschrift.

Ein Marienlied, anknüpfend in der ersten Zeile an bekannte Volkslieder: »Der Wald hat sich belaubet« und »Der Wald hat sich entlaubet« (Erk–Böhme Nr 236 und 745). Außerdem lehnt sich Zeile 3, 1 an ein Liebeslied an.

1, 3: Hs. *syne*; 2, 2: Nach einer Lücke am Anfang eine eingeschobene Zeile, die nicht in den Strophenbau passt (vgl. Lied Nr. 22, 1, 5); 3, 4: Hs. *godes reyne* mit Verweiszeichen umgestellt; 4, 2: hinter *ik* ist *dat* durchgestrichen; Hs. *gelecht*; 4, 4: hinter *ere* is eine Lücke, offenbar ein Wort ausgelassen, ergänzt *kleid*; 6, 2: hinter *syn* ist eine Lücke, *geschortet* = »geschürzt« oder »geschützt«; 6, 3: dahinter ist eine Lücke von offenbar 3 Zeilen (die letzte der 6. und die ersten beiden der 7. Strophe).

46. Sankt Georg und Sankt Adrian

Blatt 36b; Wienhäuser Eigengut

Die drei Gebete Nr. 46, 47 und 48 sind auf Blatt 36b fortlaufend durchgeschrieben. Sie stehen noch einmal auf einem Zettel, der zwischen den Blättern 27 und 28 eingeheftet ist. Diesem Zettel sind Korrekturen und Ergänzungen zu entnehmen. Die Rückseite dieses Zettels enthält die Cantio *Omnis mundus jucundetur*, Nr. 57.

1, 3: *vangen* ergänzt; 1, 4: Zettel *wante, doyt*; 2, 4: Hs. *gude*.

47. Gebet zur Gottesmutter

Blatt 36b; s. oben zu Lied Nr. 46

1, 2: hinter *godes* ist *brut* durchgestrichen; 1, 1: Zettel *lechte*; 1, 2: Zettel *goddes scryn*; 1, 4: Zettel *pyne*; 2, 3: Zettel *drachstu*; 2, 4: Zettel *an dy behot*.

48. Gebet um die Gnade eines guten Todes

Blatt 36b; Steht auch im Ldb. der Anna v. Cöln, dort 7 Strophen

Ein Bußlied

1, 5 Hs. *gode ge de ha*; 1, 6: Hs. *myt here*; 2, 3: Hs. *bydde*; 2, 4: *tro* vor *tornes* durchgestrichen; 3, 1: Hs. *Dau*; 3, 2: Hs. *sprik*; 3, 4: Hs. *wis* = gewiss, aber auf den Reim *also* passt besser *vro* entsprechend der Lesart im Ldb. der Anna von Cöln; 3, 5: Hs. *ma* über *mach*.

Die Zeilen 1, 1 bis 1, 4 stehen zusätzlich auch auf o. a. Zettel, dort Z. 3 *myk*.

49. Gebet zum Heiligen Geist

Eingehefteter Zettel zwischen Blatt 37 und 38; Wienhäuser Eigengut. Auf der Rückseite steht das Fragment eines Briefes der Äbtissin Katharina (Nr. 61).

Die Zeilen 14 und 15 stehen auch auf der Rückseite des o. a. Zettels zu Lied Nr. 46.

50. Die Magd des Herren

Blatt 37a – 38a; In einer kürzeren Fassung auch im Ldb. der Cath. Tirs Nr. XI, ferner im Ldb. der Anna v. Cöln, Nr. 57. Es wird außerdem überliefet von Erk-Böhme (Nr. 2045) und Wackernagel II, Nr. 1152.

Ein Marienlied mit einem Einschub vom Leiden und der Auferstehung des Herrn (Str. 3 – 6)

2, 4: Hs. *vroste*, ein Bild aus der Legenda aurea, vgl. Lied Nr. 37, Strophe 14; 2, 5: Hs. *hemmelliker*; 3, 3: vgl. Lied Nr. 6, Str. 3, Z 10; 4, 7: Hs. *leve*; 5, 2 Hs. *froste*; Die 8. Strophe ist am Schluß nachgetragen, ist aber durch Verweiszeichen hier einzufügen.

8, 3 und 4: Das Einhorn (griechisch: μονόκερως, lateinisch: unicornis) ist ein wildes und scheues Fabeltier, von dessen Stärke aber schon im Alten Testament berichtet wird (Nm 23, 22; 24, 8; Dt 33, 17; Ijob 39, 9 – 12; Ps 21 [22], 22; Ps 28 [29], 6; Ps 91 [92], 11; übersetzt mit »Stier« oder »Wildstier«). Sein Horn besitzt Heilkräfte und reinigt der Legende nach das von der Schlange vergiftete Wasser, weshalb es von der Kirchenvätern (Tertullian, Basilius u.a.) mit Christus identifiziert wird. Ferner läßt es sich nur von einer Jungfrau fangen und zähmen. was wiederum als Bild für die jungfräuliche Empfängnis und Geburt des Gottessohnes durch Maria gedeutet wird. Das führt im 15. Jh. zu dem Bildtypus des »Hortus conclusus«, des »verschlossenen Gartens«, auf dem die Jungfrau Maria erscheint mit dem Einhorn auf ihrem Schoß.

8, 4: Hs. *gaff sick in*; 10, 3: Hs. *un* statt *nu*.

51. Maria, Helferin in der Not

Blatt 38a; Wienhäuser Eigengut (?), Ursprung niederdeutsch.
Janota sieht einen Zusammenhang dieses Liedes mit Nr. 53, »Cord Crumelin«.

52. Menschwerdung Gottes und Marienlob

Blatt 38b; Wienhäuser Eigengut, Ursprung niederdeutsch

Ein Marienlied mit Bildern von der Menschwerdung Gottes

1, 3: Hs, *want*; 1, 5: hinter *fyn* ein Wort durchgestrichen; 2, 1: Das Bild des Einhorns für den Mensch gewordenen Gott vgl. Lied Nr. 50, Str. 8; 3, 1 und 2: zur »geschlossenen Pforte« vgl. Lied Nr. 43, Str. 10, Z. 8 und 9; 3, 4: Hs. fälschlich *gescloten*;;

53. Cord Krumelin

Blatt 38a, unmittelbar anschließend an das vorige Lied: *Cord crumelin vor ge*; der Rest nachgetragen auf einem angehefteten Zettel. Auf der Rückseite des Zettel ist die ab Zeile 8 verzeichnete Variante aufgeschrieben.

Es ist die vereinzelte Strophe eines unbekannten Liedes, erinnert entfernt an die Ballade »It licht ein Schlot in Osterrik (Paul Alpers, Alte niederdeutsche Volkslieder, Münster 1969).

54. Betrachtung des Kreuzes

Blatt 39a, Wienhäuser Eigengut

3, 2: Hs. *speerl*

55. Christliche Lebensregeln

Blatt 39a; fortlaufender Anschluß an das vorangehende Lied, Wienhäuser Eigengut.

56. Gebet zur hl. Mutter Anna

Blatt 39a; Wienhäuser Eigengut

2, 1: Hs. *vrouwe vrouwe*;   2, 2: Hs. *ar armode*.

57. Omnis mundus jucundetur

Rückseite eines zwischen Blatt 27 und 28 eingehefteten Zettels (die Vorderseite enthält die Gebete Nr. 46, 47 und den Anfang von Nr. 48); Wackernagel I, Nr. 358 .

Eine Cantio zu Weihnachten.

58. Flevit lepus parvulus – Häsleins Klage

Blatt 41, mit 11 Strophen und starken Abweichungen bei Erk–Böhme Nr. 167.

59. Die Vogelhochzeit

Ein vor Beginn des Liederbuches eingeheftetes Blatt, beginnend mit 1, 2, Fortsetzung ab Z. 31 auf 1, 1. Ab Z. 42 ist nur die rechte Seite des Blattes beschrieben. Erk–Böhme bringt mehrere ähnliche Texte von 1530, 1603 und 1613. Alpers vermutet hier die älteste Fassung einer Vogelhochzeit. Schwein, Katze, Hund und Wolf passen zwar nicht recht zu einer solchen, kommen aber auch in anderen Fassungen vor.

Z. 1: Hs. *kuck*, darüber geschrieben *kuckuk*; Z. 2: Hs. *water weyeren* unverständlich, möglich: *weydenen*, das könnte auch übertragen werden mit »Wasserweide«; Z. 4: Hs. *vyssche*, *r* übergeschrieben, ebenfalls *re* über *me*; Z. *schot* unverständlich; Z. 13: *paghenhut*, vermutlich von Pfau, Pfauenhut = Schleier; Z. 16: *vor* auf den linken Rand geschrieben; Z. 17: *dor* ergänzt; Z. 27; *dor* übergeschrieben; Z. 42: Hs. *wol so wult*; Z. 44: *jo* übergeschrieben; Z. 45: *de bungen* kaum leserlich.

60. Strafpredigt an die Nonnen

Blatt 40; Wienhäuser Eigengut in Reimprosa verfasst. Der obere und untere Rand ist abgeschnitten, daher fehlen Anfang und Ende dieser Rede.

Die Abfassung in Reimprosa lässt vermuten, daß die Rede in dieser Form nie gehalten wurde. Wohl berichtet die Klosterchronik aus der beginnenden Regierungszeit der Äbtissin Katharina Remstede (1501 – 1549) von einem boshaften Weib, durch welches verleumderisch ein »Gerücht ausgesprengt ward, als lebte die hochw. Domina und der Propst so keusch nicht, wie man wohl meinen möchte ...« Aber es finden sich keinerlei Hinweise auf ähnliche Begebenheiten in der vorangegangenen Zeit. Auch ist nicht zu belegen, ob der hier beschriebene liederliche Mönch identisch ist mit jenem Bruder Conrad, der das Neujahrslied (Nr. 33) verfaßt hat und dadurch auch in Wienhausen bekannt war. Vielleicht hat er auch nur zur Abfassung dieser »Strafrede« angeregt. Daher schließt Alpers hier auf eine mögliche Parodie, die auf einer fiktiven Rede der Äbtissin beruht, um damit ihre Sorge um ein zuchtvolles Klosterleben zu verdeutlichen.

61. Brief der Äbtissin Katharina

Rückseite eines zwischen Blatt 36 und 37 eingehefteten Zettels, die Vorderseite enthält das Gebet Nr. 49.

Der abgeschnittene linke Rand läßt den Text der Vorderseite unberührt, macht aber die Rückseite zum Fragment. Durch das Fehlen der Zeilenanfänge und einige eigentümliche Abkürzungen ist der Sinn nicht überall klar.

Zeile 7: zwischen *anbewiset se* ist *unde de* durchgestrichen. Die Benutzung von *et cetera* und *item* deutet auf einen Entwurf hin.

Eine Notiz

verzeichnet auf der 3. Umschlagseite der Handschrift.
Die Lesung dieser Eintragung übernahm dankenswerterweise Herr Prof. Dr. Johannes Janota von der Universität Augsburg. Den Buschstaben »E« und das Wortfragment »mar« deutet er als möglicherweise verschlüsselte Namen. Daher wird die Bedeutung dieser Notiz wohl nicht mehr zu klären sein.

Literaturverzeichnis

a) Ausgaben des Wienhäuser Liederbuches

Alpers, Paul (Hrsg.), Das Wienhaüser Liederbuch, Hannover-Linden 1944

    ders., Das Wienhäuser Liederbuch, in: Jahrbuch des Vereins für niederdeutsche Sprachforschung (Niederdeutsches Jahrbuch), Jahrgang 1943/47, Heft LXIX/LXX, Karl Wachholz Verlag, Neumünster

    ders. (Hrsg.), Das Wienhäuser Liederbuch, Celle 1951

Sievers, Heinrich (Hrsg.), Das Wienhäuser Liederbuch, Bd. I = Faksimile, Bd. II = Kommentar, Wolfenbüttel 1954

b) Ausgaben vergleichbarer Liederbücher

Das Ebstorfer Liederbuch, hrsg. von Edw. Schröder, in: Ndd. Jb., Heft XV, 1889

Das Werdener Liederbuch, hrsg. von F. Jostes, in: Ndd. Jb., Heft XIV, 1888

Das Liederbuch der Anna von Cöln, hrsg. von Johannes Bolte, in: Zeitschrift f. dt. Phil. XXI, 1889

Das Liederbuch der Catherina Tirs, hrsg. von U. Hölscher, in: Niederdeutsche geistliche Lieder und Sprüche aus dem Münsterland, Berlin 1854

c) Literatur allgemein

Agricola, Kathrin, »O here, giff my der leve brant« - Mystische Lyrik im Wienhäuser Liederbuch, in: W. Bentin, Th. Bütow (Hrsg.), Europäische Mystik vom Hochmittelalter zum Barock, Frankfurt am Main 1998 (= Bremer Beiträge zur Literatur und Ideengeschichte 21)

Appuhn, Horst, Chronik des Klosters Wienhausen mit Totenbuch, Celle 1968

Bäumker, Wilhelm, Das katholische deutsche Kirchenlied in seinen Singweisen, Freiburg im Breisgau, 1886

Brüggeboes, W, Die Fraterherren im Lüchtenhof zu Hildesheim, Hildesheim 1939

Chevalier, Ul., Repertorium Hymnoligicum, Löwen und Brüssel 1892 – 1921

Döbner, R., Annalen und Akten der Brüder des gemeinsamen Lebens im Lüchtenhof zu Hildesheim, in: Quellen und Darstellungen zur Geschichte Niedersachsens IX, 1903

Dreves, Guido Maria – Blume, Clemens, Analecta hymnica medii ævi, Leipzig 1886 ff, 43 Bände

Erk–Böhme, Deutscher Liederhort, Leipzig 1893/94, ²1925, 3 Bände

Erk, Ludwig Christian, Die deutschen Volkslieder mit ihren Singweisen, Berlin 1838 – 45

Habicht, Victor Curt, Celle / Wienhausen, Berlin 1930

Henrici, E., Sprachmischung in älterer Dichtung Deutschlands, Berlin 1913

Hoffmann von Fallersleben, August Heinrich, In dulci jubilo, Hannover, 1854

    ders., Niederländische geistliche Lieder des 15. Jh. = Horæ Belgicæ X, Hannover 1854

    ders. (Hrsg), Antwerpener Liederbuch = Horæ Belgicæ XI, Hannover 1855

Hommel, Fr., Geistliche Volkslieder, Leipzig 1864

Janota, Johannes, 'Wienhäuser Liederbuch', in: B. Wachinger u. a. (Hrsg.), Die deutsche Literatur des Mittelalters, Verfasserlexikon, Bd. 10, Berlin 1998

Jellinghaus, H., Mittelniederdeutsche geistliche Lieder und Sprüche, Osnabrück 1928

Knüttel, J. H., Het Geestelyk Lied in de Nederlanden, Rotterdam 1906

Leerhoff, Heiko, Wienhausen, in: Germania Benedictina, Bd XII, St. Ottilien 1994

Maier, Konrad, Die Kunstdenkmale des Landkreises Celle, Teil II, Wienhausen, Hannover 1970

Meier, John, Deutsche Volkslieder, Balladen, Berlin 1935

Mone, Franz Joseph, Lateinische Hymnen des Mittelalters, Band I, Freiburg im Breisgau, 1853

Schwester Maria Josepha, Das geistliche Lied der Devotio Moderna, Nymwegen 1930

Wackernagel, Philipp, Das deutsche Kirchenlied, Leipzig 1864 ff., 5 Bände

Die Lieder mit ihren Textanfängen

1.	Puer nobis nascitur	28
2.	Puer natus hodie	30
3.	Resonet in laudibus	34
4.	Puer natus in Bethlehem	38
5.	Missus est per sidera	40
6.	Dies est lætitiæ in ortu regali	44
7.	Resurexit dominus	48
	Eine Bemerkung der Schreiberin	50
8.	Ut petra non læditur – Felix est puerpera	50
9.	Tempus adest gratiæ	51
10.	Hæc dies	55
	Ein scherzhafter Eintrag – Buchstabenrätsel	57
	Noch ein rätselhafter Spruch	57
11.	Audiat vestra caritas	58
12.	Geistliche Minne God de bat eyn zelelin	60
13.	Zachäus	62
14.	In dulci jubilo	63
15.	Non sum ovis perdita	66
16.	Christi Empfängnis und Geburt Dat was eyn eddel juncfrouwe fyn	69
17.	Biblischer Rat Guden rat hebbe ik vornomen	72
18.	Der Esel in der Schule Asellus in de mola	75

19. Nachfolge Christi
    Heff up dyn cruce ... 78

20. Mariä Verkündigung
    Got vader, de bot dem engel schon ... 84

21. Der Judenfrevel von Breslau
    In tyden van den jaren ... 86

22. Der Hostienfrevel von Blomberg
    Nu erst wylle ik heven an ... 93

23. Dilectus meus ... 96

24. Maria, Himmelskönigin
    Ik bin gheheten dat gaudium ... 104

25. Die himmlische Stadt
    Ik wet eyn stat ... 106

26. Dies est lætitiæ in mundo totali ... 108

27. Das himmlische Jerusalem
    Jerusalem de sote stat ... 110

28. Kreuzmeditation
    Boge dyne telge strenge ... 113

29. Der himmlische Bräutigam
    Ik draghe an mynes herten grunt ... 118

30. Christliche Tugenden
    Al frouden han ik oversworen ... 121

31. Der göttliche Freund
    Sunte Agnete unde ik ... 122

32. Frauentanz
    Maria, de hefft eynen danß ... 124

33. Neujahrslied
    Vrouwet juk, kynder, alghemeyne ... 125

34. Trugwelt
    Drochwerlt ... 130

35.	Das himmlische Haus Myn herteken is van sorghen vri	132
36.	Weihnachtsjubel Do de tyd wart vullenbracht	133
37.	Das Wunder von Bethlehem Gheeret sistu, werdighe dach	136
38.	Die geistliche Mühle Eyne molen ik buwen wil	140
39.	Wienhäuser Klosterregeln Ut Jhesus Christus dominus	144
40.	Gruß an Maria Ave Maria roßenblat	146
41.	Ave hierarchia	148
42.	Landgraf Ludwig und die hl. Elisabeth De engel van dem hymmel	151
43.	Maria zart Maria sart	154
44.	Kreuzverehrung O du eddele sedderenbom	160
45.	Marienminne De walt de steyt gelovet	164
46.	Sankt Georg und Sankt Adrian Help, here sunte Jurgen	165
47.	Gebet zur Gottesmutter Du lichte morgensterne	165
48.	Gebet um die Gnade eines guten Todes Grot ruwe de wyl my krenken	166
49.	Gebet zum Heiligen Geist O du hilge troster	167
50.	Die Magd des Herren Eyn maget wys unde schone	168

51. Maria, Helferin in der Not Wunslik schon is se gestalt	172
52. Menschwerdung Gottes und Marienlob Sunte Gabriel wart uthgesant	174
53. Cord Krumelin	176
54. Betrachtung des Kreuzes We willen alle singen	176
55. Christliche Lebensregeln He is lutter, he is also clar	177
56. Gebet zur hl. Mutter Anna Du werdige hilge vrouwe	177
57. Omnis mundus jucundetur	178
58. Flevit lepus parvulu – Häsleins Klage	179
59. Die Vogelhochzeit De Kuckuk unde de reygere	180
60. Strafpredigt an die Nonnen	182
61. Brief der Äbtissin Katharina	185
Eine Notiz	186

Verzeichnis der Abbildungen

Puer nobis nascitur, Liederbuch Blatt 2a;
Foto: W. Brandis, Klosterarchiv Wienhausen.   27

Resonet in laudibus, Liederbuch Blatt 3a;
Foto: W. Brandis, Klosterarchiv Wienhausen.   33

Dies est leticie, Liederbuch Blatt 6a/b;
Foto: W. Brandis, Klosterarchiv Wienhausen.   43

Resurrexit Dominus, Liederbuch Blatt 7b;
Foto: W. Brandis, Klosterarchiv Wienhausen.   47

Der auferstandene Christus, um 1290;
Foto: Marlis Hartmann, Hannover.   65

Guden rat hebbe ik vornomen, Liederbuch Blatt 15a;
Foto: W. Brandis, Klosterarchiv Wienhausen.   71

Der kreuztragende Heiland, 15. Jh.;
Foto: Marlies Hartmann, Hannover.   83

Dilectus meus, Liederbuch Blatt 21a;
Foto: W. Brandis, Klosterarchiv Wienhausen.   95

Die Himmelskönigin, Hauptaltar im Nonnenchor, um 1519;
Foto: Marlies Hartmann, Hannover.   103

Christus und Karitas, Glasfenster im Kreuzgang, um 1335;
Foto: Marlies Hartmann, Hannover.   112

Weihnacht, Ausschnitt aus dem Hauptaltar, um 1519;
Foto: Marlies Hartmann, Hannover.   135

Ave ierachia, Liederbuch Blatt 31b;
Foto: W. Brandis, Klosterarchiv Wienhausen.   147

Wienhäuser Madonna, um 1290;
Foto: Marlies Hartmann, Hannover.   173